Geistliche Lektionen...

gelernt mit *Julius*

Rudi Lack

Geistliche Lektionen...

gelernt mit *Julius*

GLIFA
Gute Literatur Für Alle
1148 Mont-la-Ville
Schweiz

© 2009 GLIFA
Alle Rechte vorbehalten

Herausgegeben von

GLIFA
1148 Mont-la-Ville
Schweiz

Tel +41 21 864 35 63
Fax +41 21 864 35 63

e-mail: glifa@tele2.ch

ISBN 978-390658-91-83

Umschlag: David Täubert
Gedruckt bei Printcorp, Belarus.

Gewidmet

all jenen, die etwas lernen möchten im
Leben mit einem Hund

Inhaltsverzeichnis

Erstaunliche Geschichte	4
Der Springer Spaniel	6
Eigene Entscheidung	8
Ein neuer Meister	10
Sein Zuhause	12
Hören	14
Gehorsam	18
Besitzt Stärken und Schwächen	20
Risikofreudig	22
Zweifel	24
Aus Gefahr lernen	26
Augenkontakt	28
Bürsten	30
Vögel	33
Reinigt sich selbst	36
Das Buch	38
Eine andere Tür	40
Kühlendes Nass	42
Ich hab's gefunden	44
Sein Name	46
Ablehnung	48
Zeitspanne	50
Fleisch	52
Hat alles, was er braucht	54
Negatives in Positives	56
Manipuliert	58
Will mehr Raum	60
Komm schnell	62
Brot	65
Schnee	66
Zugewiesener Ort	69
Besonderes Holz	72

Kein schneller Renner	74
Gestochen	76
Das Körbchen	78
Andere Umstände	80
Mag seine Familie	82
Füsse waschen	84
Markiert	86
Mobilisieren	87
Äusserst dankbar	90
Warten	93
Eifersüchtig	96
Das Gegenteil	98
Ausdauer	100
Toleranz	102
Verunreinigungen beseitigen	104
Erträgt Unangenehmes	106
Übung	108
Wasser	110
Gestraft	112
Voller Erwartung	114
Weinen	116
Zeitverständnis	118
Ein feines Gespür	120
Findet nach Hause	123
Richtige Geschwindigkeit	126
Reinigung	128
Enttäuscht	130
Er reklamiert	132
Zielbewusst	134
Wagemutig	137
Hilf mir	140
Gerechtigkeit	142
Er ist älter geworden	144

Eine erstaunliche Geschichte, von der wir lernen können

Dies ist die Geschichte eines besonderen Hundes, der zu meinem Leben in der Schweiz gehört.

Julius, das ist sein Name, erinnert mich an Freundschaft, Gehorsam, Hingabe, Loyalität und Liebe.

Doch viel wichtiger sind die starken geistlichen Prinzipien Gottes, meines Vaters, die ER mich durch das Verhalten dieses schönen Hundes lehrt.

Manchmal tun wir uns einfach etwas schwer im Verstehen grosser geistlicher Wahrheiten der göttlichen Schöpfung. In Ermangelung unseres geistlichen Verständnisses für das, wozu uns Gott berufen hat, kommt Gottes Geist und schenkt uns Erleuchtung im täglichen Leben.

So benützt Gott meinen Hund als Anschauungsunterricht für mich, damit ich das Wesen und Verhalten von Gott besser verstehe. Indem ich dieses Tier im täglichen Leben beobachte, lerne ich geistliche Lektionen, die ich schliesslich auch praktizieren will.

Ich bin sicher, dass Sie bereichert werden durch das Kennenlernen der folgenden 60 Prinzipien. Ich habe sie im Verlauf von Jahren erkannt, und sie sind Bestandteil im Alltag von meiner Frau Eliane und mir.

Gott überrascht uns auf erstaunliche Weise

Der Springer-Spaniel

Da war er, ein wunderschöner, weisser Springer-Spaniel.

"Wir wissen wirklich nicht, was wir tun sollen", seufzten unsere Besucher aus Belgien. "Er ist todunglücklich und vegetiert in unseren vier Wänden daheim. Wir betreuen diesen jungen, reinrassigen Hund in unserer Stadtwohnung, und aus Frustration pinkelt er an unsere Möbel. Ausserdem sind wir gezwungen, mit ihm jeden Tag hinauszugehen, denn er ist ein totales Energiebündel. Aber er will nicht nur auf dem Gehsteig in Bruxelles spazieren. Er muss hinaus in die Natur. Nehmt ihn doch bitte als Geschenk von uns. Dann sind unsere Probleme gelöst."

Meine Frau Eliane schaute sich diesen einjährigen Jagdhund mit gemischen Gefühlen an. Hier war ein total unglückliches Tier, das sich wirklich falsch entwickelte. Seinen Bedürfnissen konnte es absolut nicht nachkommen und seine Fähigkeiten in keiner Weise ausleben. Als ein trauriges, elendes Häuflein kauerte es am Boden.

Doch irgendwie sahen wir mehr als dies. In diesen Hundeaugen entdeckten wir Intelligenz. In diesem Tier mit dem wunderschönen Kopf konnten wir die Fähigkeit zu lernen und zu lieben erkennen.

Er war in wundervollen Proportionen gewachsen und besass eine starke Muskulatur. Welch ein Jagdhund! Die Hundezüchter hatten wirklich hervorragende Arbeit geleistet.

Nur die Spitze seiner Schnauze war nicht durchwegs schwarz. Deshalb war er auch das letzte Exemplar dieses Wurfes, das zum Verkauf in Belgien kam. Hatte wohl diese Abweisung seine Persönlichkeit verletzt? Später sollten wir die Antwort darauf bekommen.

Eliane und ich beteten über der Situation und spürten, dass wir ihn zu uns nehmen sollten.

Ich hatte nicht die geringste Ahnung, welch wundervolle Wege Gott mich dadurch führen wollte. Ja, oft merken wir nicht, wie Gott uns aus dem Hintergrund heraus führt und steuert. Ich hatte keine Vorstellung, welch wunderbare Prinzipien mir Gott auf den Feldern und in den Wäldern der Schweiz mit diesem Hund aufzeigen würde.

Lesen Sie, was Gott mir Tag für Tag zu sagen hatte.

Eigene Entscheidung

Julius hatte natürlich keinen blauen Dunst von dem, was wir ihm anboten. Alles, was er kannte, war der lärmige Verkehr in Brüssel und die geteerten Gehsteige. Seine Welt bestand aus einer kleinen Stadtwohnung - und der Ablehnung seiner Bewohner. Welch ein erbärmliches Leben!

Aber hier erwarteten ihn Natur und Harmonie, viele Spaziergänge und ein liebevolles Zuhause. Weite Felder und tiefe Wälder erlaubten ihm nach Fährten von Füchsen und Rehen zu suchen. Ja, in einem total neuen Umfeld sollte er seinen natürlichen Bedürfnissen entsprechend leben können. Aber wenn ich ihn rief und wollte, dass er zu mir kam, rannte er die Treppe hoch und entkam ins Nachbarhaus, wo die belgische Familie ihren Urlaub verbrachte. Dann war er für eine Weile nicht mehr zu sehen.

In meinem Versuch, diesen kleinen Jäger zu meinem Freund zu machen, verstand ich ein wenig die Traurigkeit und die Sorgen, die unser Vater über uns hat: Er will uns in seine Familie bringen, aber wir lehnen alle seine Angebote ab. Anstatt alles freudig anzunehmen, was er uns offeriert, treten wir seine Freundschaft und Liebe mit Füssen.

Der Meister kennt unsere hoffnungslose Situation und will uns in seine Gegenwart integrieren. Dafür hat er alles drangesetzt, ja, er hat seinen Sohn für unsere Erlösung geopfert.

Doch unsere Reaktion ist oft Ablehnung und Abwendung. In unserer Eigensucht, unserem Egoismus wollen wir nichts zu tun haben mit ihm. Wir haben keine Ahnung, was wir dadurch verpassen. Aber eben, Gott will Freiwillige im Himmel. Er zwingt niemanden. Er klopft an, und wenn wir ihm die Tür öffnen, tritt er ein, um Gemeinschaft mit uns zu pflegen.

Das Intelligenteste und und das einzig Logische, was wir tun können, ist uns Christus zu unterordnen, denn er ist der Wohlwollendste im Universum. Er hat ein heiliges Anrecht auf uns.

Schliesslich gefiel es dem Vierbeiner wo wir wohnten. Er näherte sich unserem Haus und begann sich mit Eliane und mir anzufreunden. Wir hatten uns entschieden, ihn zu uns zu nehmen und ihn bei uns zu integrieren. Schlussendlich entdeckte er, dass ihm eine neue Welt aufging. Wir freuten uns.

Jetzt verstehe ich etwas besser, weshalb sich die Engel freuen über jeden Sünder, der Busse tut und in die Familie Gottes kommt. Wenn ein Mensch Gott findet, beginnt ein gegenseitiges Vertrauensverhältnis. Loyalität und ein umwerfendes Abenteuer nimmt seinen Anfang.

So war es auch, als dieser Springer bei uns einzog.

Ein neuer Meister

Am Anfang bestand keine enge Beziehung zwischen Julius und mir. Doch ich empfand eine tiefe Zuneigung zu dieser Kreatur. Ich hatte den tiefen Wunsch, dass er zu mir kommt, mir vertraut, mich schätzt und wir zusammen eine gute Zeit verbringen. Ich wollte einfach, dass er mein Freund wird.

Nach und nach begann er, ab und zu meine Hand mit seiner warmen Nase zu berühren, der Funke war gesprungen! Dieser Springer-Spaniel hatte schlussendlich den Mut gefunden sich mir zu nähern. Langsam begann eine Beziehung zwischen uns zu wachsen.

Schnell lernte dieser Hund, dass ich ein neuer Meister war, den er schätzen konnte. Jetzt schaute jemand nach ihm, dem er vertrauen konnte. Endlich war jemand da, der ihn liebte, ihn verstand und nur das Beste für ihn im Sinn hatte.

Und so ist es auch zwischen Gott und uns. Er verlangt nach unserer Gemeinschaft mit ihm, und er will nur das Allerbeste für uns. Er kennt unsere Bedürfnisse und will uns alles schenken, was wir leiblich, gefühlsmässig, intellektuell und geistlich brauchen. ER ist absolut vertrauenswürdig und hintergeht uns nie, denn in all seinen Wegen ist er aufrichtig und gerecht.

Mich faszinierte bei diesem Kerl immer wieder, dass er mit viel Vergügen das tat, wozu er gezüchtet worden war. Seine braunen Augen leuchteten, seine Muskeln waren angespannt, und mit grösster Aufmerksamkeit beobachtete er mich. Ich hob ein Stück Holz im Wald auf und warf es ins Dickicht. Augenblicklich wurde sein Instinkt lebendig, und wie eine Rakete schoss er davon, um den kleinen Ast, den ich geworfen hatte, unter Hunderten von anderen Ästen zu finden. Das war wirklich dasjenige, wofür er ins Leben gerufen worden war.

Gott will das Beste aus uns herauskristallisieren. Alle von uns haben ihre individuelle Berufung, und in diese will uns Gott hineinführen.

Gemeinschaft mit ihm ist das eigentliche Ziel unseres Daseins.

Sein Zuhause

Nun lag es natürlich an mir, diesem Jagdhund ein ordentliches Zuhause zu geben. Also bat mich Eliane, in der Stadt ein Hundekörbchen zu kaufen, damit er darin schlafen konnte.

Sie kümmerte sich um seine Nahrung und seinen Fressnapf. Für sein Fell wurde eine Bürste organisiert. Auch musste die Registrierung bei den Behörden für ihn getätigt werden.

Eine Hundeleine durfte ebenso nicht fehlen, und in die Plakette für sein Halsband wurde unsere Telefonnummer geprägt.

Meine beiden Neffen zimmerten flugs eine schöne Hundehütte für ihn, die grosszügig geplant worden war und bald für ihn bereitstand.

Dann ging's zum Tierarzt für eine Impfung gegen Parasiten. So war Julius schliesslich voll in unsere Familie integriert. Wir hatten alle Vorbereitungen für sein Wohlbefinden getroffen.

Da muss ich an die Vorbereitungen denken, die Gott auch für unsere Ankunft im Himmel getroffen hat.

Alles ist grosszügig. Absolut nichts Kleinkariertes hat hier Platz.

„In meines Vaters Haus sind viele Wohnungen", sagt uns Jesus.in Johannes 14:2

Während sechs Tagen hat er unsere wunderschöne Welt geschaffen, aber vor 2000 Jahren sagte er:

„Ich gehe hin, um euch eine Stätte zu bereiten."

Welch einen umwerfenden Ort hat er während diesen 2000 Jahren konzipiert und erstellt!

Offenbarung 21 beschreibt es so:

„Ich sah einen neuen Himmel und eine neue Erde. Ich erblickte die heilige Stadt Jerusalem neu aus dem Himmel herabschweben, zubereitet wie eine Braut. Ihr Glanz war einem kostbaren Edelstein gleich, einem funkelnden Diamanten. Die Stadt war reines Gold und durchsichtig wie Glas. Sieh, da ist die Wohnung Gottes bei den Menschen! Er wird bei ihnen wohnen, sie werden seine Völker sein."

Wir können uns überhaupt nicht vorstellen, was auf uns zukommt. Sagt doch die Bibel:

„Was kein Auge gesehen und kein Ohr gehört hat und in kein Menschenherz gekommen ist, hat Gott denen bereitet, die ihn lieben."

Hören

Für Julius gab es etwas Wunderschönes in seiner neuen Umgebung, nämlich meine Stimme.

Während den ersten Wochen lernte er, aufmerksam darauf zu hören. Er konnte meinen Tonfall unterscheiden und merkte, dass ich wirklich meinte, was ich sagte.

Im Gegensatz zu seinen vorherigen Besitzern, die ihn anschrieen und fluchten, wenn er in der Wohnung an die Möbel pinkelte, sprach ich ruhig und bestimmt.

Wenn ich ihn rief, wusste er bald, dass ich von ihm erwartete, dass er sofort kam. Dann wurde er gestreichelt und gelobt. So lernte er gehorchen und sein Vertrauen wuchs Woche für Woche.

Er lernte, dass ich ihn nicht mit falschen Versprechungen lockte.

- Was ich sagte, meinte ich auch.
- Verlangte ich etwas von ihm, konnte er mir vertrauen.
- Was ich ihm befahl, musste er ausführen.

Doch all das geschah nicht in einem Tag und auch nicht in einer Woche. Es war ein Lernprozess, der Zeit und Geduld erforderte, wobei er mir immer mehr vertraute.

Wenn ich sprach, schaute er mich erwartungsvoll an. Wenn er meine Stimme vernahm, bemerkte ich, wie er mir vertraute. Es entwickelte sich eine immer engere Beziehung zwischen uns.

Aus dieser Situation lerne ich, wie auch mein Glaube an Gott wächst, wenn ich seine Stimme vernehme. Mein Vertrauen in ihn wird durch seine Kommunikation mit mir beständig verstärkt. Mein Aufmerken auf den Heiligen Geist wird zusehends feiner und sensibler.

Tatsächlich, Gott teilt sich uns mit und spricht mit uns durch sein Wort, aber auch durch die sanfte, zarte Stimme des Heiligen Geistes. Ebenso teilt er sich uns durch seine Schöpfung mit. Er will mit uns kommunizieren. Im Garten Eden hat sich Gott Abend für Abend Zeit genommen, um Adam seine göttlichen Prinzipien mitzuteilen. Nicht alles auf einmal, sondern immer ein Stückchen mehr.

Ja, die Bibel sagt, dass wir, seine Schafe, seine Stimme, also die des Hirten, hören. Doch mein Problem ist manchmal das gleiche wie das meines Vierbeiners. Da hat er einfach keine Lust, auf mich zu hören. Besonders dann, wenn seine Nase eine Fährte im Wald gefunden hat, kann ich ihn rufen und rufen. Doch er will nichts hören. Jetzt hat er andere Interessen.

Da stellt sich bei uns die Frage: Sind wir offen und bereit, Gott jederzeit zu hören? Bin ich willig, meine Arbeit einzustellen und ganz Ohr für den Heiligen Geist zu sein?

Unser Glaube wächst durchs Hören, und das Hören durch das Wort Gottes. (Römer 10:17) In dieser Passage lautet das griechische Wort für „Wort Gottes" nicht **Logos**, (das allgemeine Wort Gottes), sondern **Rhema**. Das ist das persönliche *Jetzt-Wort*, das nur uns selbst gilt. Also unser Glaube wächst, wenn wir in unserer persönlichen Situation von Gott angesprochen werden. Dann gilt es, entsprechend zu gehorchen.

Eigentlich möchte ich so sein wie die Person, die in Jesaja 50:4 beschrieben ist:

"Gott, der Herr, hat mir die gelehrte Zunge eines Jüngers gegeben, damit ich die Müden mit einem guten Wort erquicken kann. Jeden Morgen weckt er mir das Ohr, damit ich wie ein Jünger höre. Gott, der Herr, hat mir das Ohr aufgetan, und ich habe mich nicht gesträubt und gewehrt."

> *Gott, als der beste Komunikator des Universums, will, dass wir ihn hören*

Gehorsam

Mit Julius erlebten Eliane und ich oft vergügliche Zeiten auf unserem Missionslandgut. Dieser Springer-Spaniel liess uns lachen, herumtollen und eben auch geistliche Lektionen lernen. Es war durch ihn, dass ich vermehrt lernte, dem Meister zur Verfügung zu stehen.

Julius war kein lauter Hund. Nur ab und zu bellte er, und selten winselte er. Neben dem Ausleben seines Jagdinstinkts musste er aber auch lernen, meine Befehle auszuführen. Das allerdings war nicht ganz leicht für ihn, denn diese Hunderasse ist nicht die gefügigste. Aber er musste sich darein schicken. Meine Befehle waren kurz, klar, unkompliziert und deutlich. *„Komm!"* *„Sitz!"* *„Bleib!"* *„Nein!"* *„Such!"* u.a.m.

Nach und nach lernte er die Bedeutung von jedem Befehl und wurde mir mehr und mehr gehorsam. Richtige Befehlsausführung belohnte ich dann positiv und oft mit einer Liebkosung. Und so entstand eine wundervolle Beziehung.

In diesen stillen, glücklichen Stunden auf den Feldern und in den Wäldern der Schweiz, fand ich genügend Zeit, über die geistlichen Lektionen nachzudenken, die mir Gott durch diesen Springer beibrachte.

Es wurde mir klar, so wie mein Wille und meine Wünsche klar und deutlich an Julius weitergegeben werden, es auch bei Gott geschieht. Er drückt sich eindeutig und präzise aus in seinem Wort an uns. Zudem kommuniziert er auch wirkungsvoll ausserhalb seines Wortes. Und sein Geist führt uns in alle Wahrheit.

Doch viele Christen haben die verkehrte Meinung, dass es äusserst schwierig sei, den Willen Gottes herauszufinden.

Wenn sie sagen: „Ich weiss wirklich nicht, was der Wille Gottes für mich persönlich ist", kann es oft nur eine Ausrede sein. In Wirklichkeit wollen diese Leute oft einfach ihren eigenen Willen durchsetzen. In unserer Natur wollen wir ja wirklich unser eigener Chef sein, und das tun, was wir selber wollen. Nur ungern wollen wir uns unter die Herrschaft Jesu Christi beugen. „Wer hat denn schon ein Anrecht auf uns?", sagt man allzu leicht. Und dann ist es ja so leicht, den Heiligen Geist zu betrüben.

Aber wenn wir einfach gehorsam das Nächste tun, was Gott von uns verlangt, vertraut er uns und zeigt uns den zweiten Schritt.

Die „Furcht Gottes" hat nichts mit Angst zu tun, sondern bedeutet Respekt haben, Hochachtung zeigen und das Verlangen, den Willen des Chefs zu tun.

Das ist es was Julius hat. Es beruht auf Gegenseitigkeit, und wir sind ein gutes Team.

Seine Stärken und Schwächen

Als Jagdhund besitzt er nicht nur einen ausgeprägten Geruchssinn, er hat auch sehr gute Augen. Wenn er einen andern Hund in weiter Entfernung entdeckt, will er ihm sofort nachrennen. Wenn er mich aus grosser Distanz sieht, erkennt er mich und kommt schnell und gern zu mir.

Als Energiebündel hüpft er querfeldein und springt über Büsche. Er ist eben ein Springer-Spaniel, der Sätze nehmen kann. Er geht gern ins Wasser und ist ein sehr guter Schwimmer.

Doch mit anderen Dingen tut er sich schwerer. So ist er nicht ein allzu schneller Renner. Zudem ist Julius nicht leicht zu dressieren, denn er will gern unabhängig sein. Wenn wir Gäste in unser Haus einladen, legt er sich nicht ruhig in sein Körbchen. Nein, er will Teil der Gästeschar sein, und das ist manchmal etwas bemühend.

In gleicher Weise hat uns Gott bestimmte Fähigkeiten geschenkt. Aber wir müssen auch unsere Schwächen und unsere Mängel kennen. Möge Gott uns helfen, dass wir keine zu grosse Meinung von uns selbst haben.

Ich kenne meine Stärken, weiss aber auch um meine fehlenden Fähigkeiten. Klar, in Römer 12:3 heisst es:

„Seid ehrlich in eurer eigenen Einschätzung und messt euch am Glauben, den Gott euch geschenkt hat."

Aber nun weisst du auch, welche Fähigkeiten du hast. wo du gut und fähig bist. Also gilt es nach Römer 12:6 zu leben wo es heisst:

„Gott hat jedem von uns Fähigkeiten verliehen, gewisse Dinge gut auszuführen. Diese, von Gott geschenkten Gaben, sollen wir auch in der rechten Weise nutzen. Der eine empfängt von Gott Weisungen für die Gemeinde; was er sagt, muss dem gemeinsamen Bekenntnis entsprechen. Der andere hat die Fähigkeit, der Gemeinde zu dienen, wo Hilfe gebraucht wird, ein Dritter, die Fähigkeit, sie im Glauben zu unterweisen oder sie zum Tun des Guten zu ermuntern. Jeder soll bei seiner Gabe bleiben und sie für die Gemeinde fruchtbar machen. Wer die Unterstützung für bedürftige Gemeindeglieder verteilt, muss es korrekt und unparteiisch tun. Wer Aufgaben für die Gemeinde übernimmt, darf es nicht an Eifer fehlen lassen. Wer anderen Gutes tut, soll es mit Freude tun."

Immer wieder bete ich: „Hilf mir Herr, die guten Werke zu finden, die du für mich vorgesehen hast, und befähige mich, diese dann in der richtigen Weise auszuführen." Eindeutig, die Bibel sagt, dass er für uns gute Werke vorgesehen hat, die wir tun sollen.

Auf die gleiche Art lasse ich Julius das tun, wo er Fähigkeiten besitzt.

Risikofreudig

Was sich mir tief eingeprägt hat, ist die Tatsache, dass dieser Jäger Suchen und Jagen ausserordentlich mag. Wenn er Gelegenheit dazu hat, ist alles andere zweitrangig.

Da können wir in recht unwegsamer Umgebung sein, aber er will direkt ins Dickicht. Er springt über Stock und Stein, und zwischen Fallholz will er suchen. Je undurchdringlicher das Gebüsch ist, desto besser gefällt es ihm.

Er schaut mich bittend an mit Augen, die ausdrücken: „Wirf das Aststück dorthin, wo es schwierig ist für mich einzudringen und zu suchen, aber gib mir diese Herausforderung."

Und dann zieht er los. Über Dornenhecken, durch kleine Bäche, zwischen Sträuchern sich hindurchzwängend, zieht er zuerst grosse Kreise. Aber diese werden immer kleiner und enger. Schliesslich beginnt er zu wedeln, denn jetzt ahnt er, dass es nicht mehr weit ist zum äusserst schwachen Geruch meiner Hand, die während nur wenigen Sekunden das Aststück hielt. Dann plötzlich stürzt er sich auf dieses eine Stück Holz, das sich unter Hunderten anderen befindet. Er ist fündig geworden.

Manchmal ist seine Schnauze etwas zerkratzt und seine Pfoten etwas verletzt. Aber er ist glücklich, denn er ist seiner Natur gerecht geworden.

Da frage ich mich, ob auch ich meine Berufung richtig auslebe. Kolosser 1:10 sagt es so:
„Gott möchte euch mit echter Erkenntnis und dem rechten geistlichen Verständnis seines Willens ganz erfüllen. Dann könnt ihr auch so leben, dass ihr ihm Ehre macht. Dann tragt ihr Frucht in allem Guten und lernt Gott immer besser kennen."

Trage ich wirklich die Früchte des Geistes?
    Segne ich meine Feinde und bete ich für sie?
Bin ich nett, zuvorkommend und freundlich, wenn man mir nur Hindernisse in den Weg legt?
    Bin ich geduldig und sanftmütig, wenn ich in meiner Eile im Stau stehe?
    Habe ich genügend Selbstkontrolle, wenn ich mir etwas leisten könnte?

Eindeutig, ich will nach Kolosser 1:11 leben, wo es heisst:

„Möge euer Leben immer mehr mit seiner Kraft durchströmt werden, damit ihr alles mit Geduld und Langmut ertragen könnt. Ganz beglückt werdet ihr dem Vater danken, der euch dazu tüchtig macht, am Erbe der Heiligen teilzuhaben."

Zweifel

Manchmal frühmorgens, wenn Eliane und ich noch halbwegs schlafen, kommt Julius in unser Schlafzimmer. Es scheint mir, als sei er nicht ganz sicher, ob wir auch diejenigen sind, die er sucht. Vorsichtig kommt er ans Bett und beschnüffelt uns. Seine Unsicherheit verfliegt, wenn er sich vergewissert hat. Jetzt beginnt er zu wedeln und zeigt seine Freude darüber, dass er in der richtigen Familie ist. Schliesslich will er mit uns spielen.

Ich kann mich mit ihm identifizieren, denn manchmal bin ich auch nicht ganz sicher, ob ich Gott richtig gehört habe.

Aber da werde ich durch den Propheten Jeremia ermutigt.

Er sagt dem Volk Gottes voraus, dass das ganze Land vom Feind überrollt und die Bevölkerung in die Gefangenschaft geraten werde. In dieser Situation ermutigt ihn Gott, ein Stück Land zu kaufen. Doch das ist nun wirklich unlogisch.

Alles wird dem Feind zufallen. Jeremia ist unsicher und weiss nicht genau, ob er richtig gehört hat. Aber er geht und findet die Umstände genau so, wie Gott sie ihm beschrieben hat. Er kann kaufen, unterschreibt den Vertrag und schreibt dann:

„Erst jetzt wusste ich wirklich, dass Gott zu mir gesprochen hatte." Doch vorher war er etwas unsicher.

Ich manchmal auch, wie Julius am Morgen.

> *Gott versteht auch unsere Zweifel und toleriert Unsicherheit.*

Aus der Gefahr lernen !

Eine interessante Reaktion beobachte ich gelegentlich, wenn dieser Jagdhund plötzlich nicht mehr weiter gehen will. Da können wir im Wald spazieren, und an einer Wegverzweigung steht er bockstill. Es ist unmöglich, ihn zum Weitergehen zu bewegen.

Ich verstehe seine Reaktion überhaupt nicht. Niemand ist da. Wir sind allein, und keine Gefahr droht.

Doch auf einmal erinnere ich mich. Oh ja, vor einigen Wochen waren wir genau hier, als ein Spaziergänger mit seinem Haustier kam. Dieser Schäferhund, der wesentlich grösser war als unser Spaniel, stürzte sich auf ihn und packte ihn am Genick. Erst als der Besitzer seinem Tier befahl, Julius loszulassen, war mein Kerl frei.

Jetzt wurde mir klar: Unser Langohr erinnerte sich an diesen Zwischenfall genau an dieser Weggabelung. Er wollte keine zweite solche Episode erleben und drängte nach Hause.

Wie wir doch von ihm lernen können. Wie langsam ich manchmal in meinem Leben im Lernen bin! Was Julius ganz natürlich durch seinen Instinkt tut, sollten wir mit Gottes Hilfe immer wieder selber auch machen.

Nun, die Bibel sagt in den Sprüchen: „Der Gerechte sieht die Gefahr, schützt sich, und dadurch erhaltet er sein Leben."

Dabei sind wir doch viel eher wie die Person in der folgenden Geschichte, wo sie schreibt:
„Ich gehe die Strasse entlang und komme an ein grosses Loch. Ich falle hinein. Mit grossen Schwierigkeiten kann ich hinausklettern.

Am nächsten Morgen gehe ich dieselbe Strasse entlang. Ich komme ans gleiche Loch und falle wieder hinein. Doch jetzt weiss ich etwas besser, wie ich wieder hinauskomme.

Eine Woche später befinde ich mich in der gleichen Strasse. Da ist wieder das gleich grosse Loch. Es ist feucht, und ich gleite ab und falle wieder hinein. Es ist wirklich nicht mein Fehler. Diesmal hilft mir jemand hinauszuklettern.

Am nächsten Tag bin ich auf derselben Strasse und komme wieder an das gleiche Loch. Ich stehe am Rand und beginne zu schlittern, doch ich kann mich mit letzter Kraft festhalten. Voll Angst entferne ich mich.

Einen Tag darauf spaziere ich wieder, aber diesmal nehme ich eine andere Strasse. Nie und nimmer werde ich mich diesem Loch wieder nähern."

Augenkontakt

Ein Aspekt unserer sich vertiefenden Freundschaft ist seine Hingabe an mich, was mich tief berührt. Früher war er scheu und zurückhaltend, nun ist er zu meinem Schatten geworden. Wo ich hingehe, geht er mit mir. Beim Spazieren will er mich immer im Auge behalten. Meine Gegenwart beruhigt ihn.

Der Augenkontakt mit mir ist für ihn von grösster Wichtigkeit. Auch wenn er mir vorausrennt, dreht er sich immer wieder nach mir um und will sicher sein, dass wir noch zusammen sind.

Da frage ich mich, wie es denn zwischen mir und Jesus aussieht. Pflege ich auch einen ständigen Augenkontakt mit meinem Meister?

Als Petrus, der Jünger, den Augenkontakt mit Jesus verlor und auf den Wind und die tosenden Wellen blickte, begann er zu sinken. Wie oft habe auch ich auf furchteregende Umstände geschaut, wurde ängstlich und begann zu schlittern. Dann musste Jesus kommen und mich retten.

Tatsächlich ist für Julius einer der schwierigsten Befehle: „Bleib!" Wenn ich ihn in den Wald mitnehme, befehle ich ihm gelegentlich, zu sitzen und zu bleiben. Ich schlendere weiter, bis er mich nicht mehr sieht. Ach, wie sehr möchte er an meiner Seite gehen. Doch er darf sich nicht von seinem Platz bewegen. Aber er will ja immer dort sein, wo was los ist. Jetzt rufe ich ihn. Wie eine Rakete schiesst er los, Nase am Boden meiner Spur folgend, bis er mich findet.

Wenn ich das sehe, frage ich mich, warum ich manchmal einfach für mich selbst dahinwurstelte, und mir nicht allzu sehr Sorgen um die Gegenwart meines Meisters machte. Eigentlich sollte die Wichtigkeit der Präsenz Gottes in meinem Leben ein Teil meiner Persönlichkeit sein.

Das erinnert mich an Maria Magdalena. Am Ostermorgen findet sie Jesus und umklammert ihn. Er ist ihr Retter, der sie von der ewigen Verdammnis rettet, aber auch ihr Erlöser, der sie von sieben Dämonen befreite. Und dann nennt sie ihn Meister. Er, der ein heiliges Recht auf ihr Leben hat. Innig hält sie sich fest an ihm und lässt ihn nicht mehr los, denn er ist der Wichtigste für sie.

Ich will vom Augenkontakt, den Julius immer mit mir pflegt, lernen.

Bürsten

Unser Springer besitzt ein wunderschönes Fell. Aber dieses muss gepflegt werden. Gelegentlich wird er schamponiert, dann werden seine langen Haare geschnitten und immer wieder muss er gebürstet werden.

Wenn ich sein feines, dickes Fell bürste, weiss er, dass es das Beste für ihn ist. Wenn ich die angesammelten Kletten (vom Spazieren im Wald) entferne, und ich mit einer Pinzette aufkreuze, um die gelegentlichen Zecken aus seiner Haut zu entfernen, weiss er, dass ich mich wirklich um ihn kümmere.

Im Winter, wenn sich Schneebälle um seine Pfoten bilden, versucht er, sie mit seiner Schnauze zu entfernen. Doch damit kommt er nicht zum Ziel. Aber dann komme ich, um das zusätzliche Gewicht an seinen Beinen (in Form von Schneebällen) zu entfernen. Das schätzt er und weiss, mein Meister hat's im Griff.

In all diesen persönlichen Kontakten mit ihm merkte ich, dass er mein Kamerad ist, wie auch ich sein Kamerad bin. Durch Julius zeigt mir Gottes sanfter Geist in lebendiger Weise, wie sich Christus erniedrigt, er mein Meister, der sich in Liebe und mit viel Demut um meine Bedürfnisse kümmert.

So langsam lerne ich die geistliche Lektion, dass Jesus ein Diener der Liebe ist. Er kommt und kümmert sich um uns. Er heilt und tröstet uns. Christus will uns auf allen Ebenen in Liebe dienen. Er ist unser bester Freund.

Wenn ich fertig bin mit der Pflege bei Julius, zeigt er mir seine Zuneigung, indem er auf meinen Schoss springt und seinen Kopf an meine Schulter legt. „Ich mag dich sehr", heisst das in seiner Hundesprache.

Gottes Liebe, seine Hilfe mir gegenüber und sein Opfer für mich bewirken in mir das Verlangen, sein Liebes-Sklave zu sein, der ihm treu gehorcht und zur Verfügung steht. Oder im Bibelwort ausgedrückt: *Wir lieben ihn, weil er uns zuerst geliebt hat.* 1. Joh.4:19

Diese grundlegende Zweisamkeit, meine Hilfeleistung an ihn und seine Zuneigung zu mir, ist die Basis für Vertrauen und Sicherheit zwischen Julius und mir. Er hat entdeckt, was es heisst, in eine neue Dimension der Freiheit zu gelangen, für welche er geboren wurde, damit er mir Freude bereite. Er dient mir täglich, indem er mich motiviert, meinen notwendigen Spaziergang zu machen.

Zu viele unter uns haben eine verzerrte Vorstellung über die Arbeit für Gott. Da denken wir, es sei ein schweres, unerträgliches Joch, Christus nachzufolgen. Wir meinen seine Sklaven und Untertanen zu sein.

Doch nichts von alldem! Sein Joch ist leicht, und wir sind nicht seine Sklaven, sondern seine Erben, denen er eine wunderbare Zukunft bereitet hat. Er führt uns in SEINE Weite und bringt uns in unsere Berufung, zu der wir geboren sind.

> *Zweisamkeit und gegenseitiges Vertrauen ist die Basis für Harmonie*

Vögel

Flugkörper sind eine nicht geringe Versuchung für unsern Jagdhund. Sobald er einen Vogel fliegen sieht oder auch ein Flugzeug, beginnt er zu bellen und versucht diesen nachzurennen.

Sein wohlgeformter Körper, muskulös und ohne Fettpolster, scheint fast über die Felder zu schweben, wenn er den Vögeln nachrennt. Noch nie hat er einen erwischt. Aber wenn er zu uns zurückkehrt, ist er müde und hängt seine Zunge heraus.

In gewissem Sinn ist das alles recht humorvoll, aber auf der anderen Seite kann es uns auch stören und unserer gemeinsamen Harmonie abträglich sein.

Dann denke ich darüber nach, wie Vögel eigentlich unsere Harmonie aus dem Gleichgewicht bringen können. Diese beflügelten Wesen gehören ganz und gar nicht in unsere Familie und lenken Julius ab. Auch in unserer Wohnstube, wenn er durchs Fenster Raben in unserem Garten sieht, beginnt er zu bellen, springt aufs Sofa und will raus in den Garten.

Die gleichen Prinzipien finden wir auch in der Gemeinde Gottes, eigentlich bei vielen Christen oder auch in unserem persönlichen Leben mit Jesus.

Wie oft neigen wir zum Spektakulären, dem Ungewöhnlichen und dem Packenden. Da gibt es manchmal plötzlich etwas Aussergewöhnliches dem wir nachrennen. Uns Menschen fasziniert das Ungewöhnliche.

Die Menschheitsgeschichte ist voll von Beispielen, wo falsche Prioritäten gesetzt wurden, weil man etwas Ekstatischem nachrannte, das eigentlich gar nicht wichtig war. Aber das, was Gott für uns als erstrangig geplant hat, werfen wir manchmal über Bord und rennen unwichtigen Dingen nach, die uns faszinieren. Möge Gott uns helfen, das Wichtige als wichtig zu erkennen.

Gute und scheinbar wunderbare Dinge werden von uns fanatisch verlangt, aber schlussendlich bringen sie uns nicht weiter. So wie unser Vierbeiner unerreichbaren fliegenden Wesen nachrennt und unsere Gemeinsamkeit stört, so müssen wir darauf bedacht sein, im Willen Gottes bleiben. Das Gute kann oft der Feind des Besten sein.

Deshalb schreibt der Apostel Paulus auch in Kol. 1:10: „Gott möchte euch mit echter Erkenntnis und dem rechten geistlichen Verständnis seines Willens ganz erfüllen. Dann könnt ihr auch so leben, dass ihr ihm Ehre macht und ihm in jeder Weise wohlgefällt, ja, dann tragt ihr Frucht in allem Guten und lernt unsern Gott immer besser kennen."

Lernen wir von Julius. Es ist nicht das Spektakuläre und Faszinierende, das unser Meister sucht. Ja, gelegentlich schenkt er uns etwas Packendes und Aussergewöhnliches. Aber allgemein gesehen will er, dass wir treu sind da, wo er uns hingestellt hat und die guten Werke tun, die er für uns vorbereitet hat.

> *Das Gute ist oft der Feind vom Besten*

Reinigt sich selbst

Während wir Weideland durchstreifen, bemerke ich, wie unser kleiner Weisser plötzlich anfängt, grünes Gras zu fressen. Nur gewisse Gräser wählt er und kaut sie. Minuten später sitzt er auf seinen Hinterbeinen und beginnt sich zu übergeben. Er erbricht seinen Mageninhalt, und Sekunden später rennt er glücklich davon.

Reinigungsprozess beendet!

Gott hat ihn ganz klar mit einem Reinigungsmechanismus ausgestattet, durch den er die Haare in seinem Magen ausscheiden kann. Diese schluckt er ja beim Lecken seines Fells.

Wenn ich das sehe, frage ich mich, wie es mit diesem Reinigungsprozes bei uns Menschen aussieht. Ohne Zweifel, Jesu Blut reinigt uns von allen Sünden.

Aber interessanterweise sagt Gott uns auch in der Bibel, dass wir an unserer Errettung mit Furcht und Zittern arbeiten sollen. Ja, er macht klar, dass wir unsern Beitrag dazu leisten sollen. In 2. Petrus 1:5-8 heisst es:

„Eben darum aber gilt es nun, allen Eifer daran zu wenden, um Folgendes zu erreichen: im Glauben zugleich die ganze Tüchtigkeit fürs Leben, damit verbunden eine echte geistliche Erkenntnis, mit ihr wiederum verbunden eine feste Selbstbeherrschung, diese wieder führt zur Ausdauer, die Ausdauer wirkt Gottesfurcht, die Gottesfurcht treibt zur Bruderliebe, die Bruderliebe wieder zur allgemeinen Liebe. Setzt alles daran, eure Berufung und Erwählung zu festigen."

Es liegt also auch an uns, und der Heilige Geist hilft uns dabei. Denn 2. Korinther 7:1 sagt:

„Darum, wenn wir nun solche Verheissungen haben, ihr Lieben, so wollen wir uns von aller Befleckung an Leib und Geist reinigen und in der Furcht Gottes der Heiligung nachstreben."

Das Buch

Um in Europa mit einem Hund reisen zu können, muss man einen Hundepass besitzen. Deshalb nehmen wir dieses Dokument mit uns, wenn wir über die Grenze nach Frankreich fahren. Dieses Büchlein enthält verschiedenste Informationen: Name des Hundes, sein Geburtsjahr, Impfdaten, Name und Adresse des Halters, etc.

Das erinnert mich an die Tatsache, dass auch unser Name in ein Buch geschrieben ist. Aber nicht nur im Buch des Lebens ist unser Name aufgezeichnet. Es gibt noch andere Bücher im Himmel, in denen ich genannt werden will.

Für Gott sind Bücher wichtig. In 180 Bibelstellen wird das Wort **Buch** erwähnt. Zusätzlich sind in der Bibel noch 400 Mal die Ausdrücke zu finden: „Es steht geschrieben" oder „Schreibe diese Worte." In Offenbarung 22 werden nicht CD-Roms geöffnet, sondern Bücher.

In Maleachi 3:16 heisst es: „Jene, welche den Herrn fürchteten, sprachen oft miteinander, und ein Buch der Erinnerung wurde vor Gott geschrieben; die Taten derer, die IHN respektierten, ihn ehrfurchtsvoll anbeteten und an seinen Namen dachten."

Auch ich will in diesem Buch verewigt werden, denn ich möchte die Niedergeschlagenen und Enttäuschten immer wieder von neuem ermutigen. Schliesslich sagt Hebräer 12:12: „Stärket die müden Hände und richtet auf die matten Knie. Schlagt gerade Wege ein mit euren Füssen, damit das, was lahm ist, nicht vom Weg abkommt."

Herr, hilf mir immer wieder gut zu kommunizieren und denen zu helfen, die eine Botschaft der Hoffnung nötig haben und wissen müssen, dass Du es gut mit ihnen meinst.

> *Bücher sprechen, wenn der Leser bereit ist zum Hören*

Eine andere Tür

Normalerweise, wenn ich unseren kleinen Fresssack zum täglichen Spaziergang mitnehme, verlassen wir unser Haus durch den Haupteingang. Dort wartet er ungeduldig darauf, dass ich die Tür öffne. So ist es auch wieder heute Morgen. Doch er befindet sich vor der falschen Tür. Denn jetzt habe ich mich entschlossen, durch den unteren, Ausgang das Haus zu verlassen.

Er hat sich auf Plan A eingestellt, aber ich habe Plan B gewählt. Von der unteren Etage rufe ich ihn, er kommt die Treppe heruntergerannt, und wir treten ins Freie.

Das erinnert mich an Jesus, der auch nicht durch den Haupteingang, sondern durch eine kleine Hintertür, auf unseren Planeten kam. Nicht in Rom, der Hauptstadt des Römischen Reiches, wurde er in den Königspalast geboren. Nein, im Stall zu Bethlehem kam er zur Welt.

Oft in unserem Leben tritt Jesus durch einen anderen Eingang, als wir es uns wünschen. Von dieser, unserer Hintertür möchten wir ihn fernhalten. Doch er ist souverän und weiss, was wir nötig haben. Weil wir aber bestimmte Vorstellungen von seinem Handeln in der betreffenden Situation haben, sind wir dann irgendwie enttäuscht. Doch er weiss, wo uns der Schuh drückt, und dort hakt er ein.

Wenn wir Christus zu uns einladen, haben wir keine Ahnung wofür wir ihm Raum machen.

Laban sah nur den Schmuck an Rebekka und hatte nicht die geringste Vorstellung wofür er Elieser in sein Haus einlud. Er lief diesem Mann Gottes entgegen und rief: „Komm herein, du Gesegneter des Herrn. Warum bleibst du draussen? Ich habe für dich Raum gemacht!" Laban machte nicht nur Raum für die Heirat von Rebekka und Isaak, sondern für das ganze Volk Israel, aus dem Christus hervorging. 1. Mose 24:28

Wenn er das nächste Mal kommt und eine Eingangstür bei dir benützt, wo du dich unsicher fühlst, vertraue ihm. Heisse ihn willkommen, denn er weiss, was dir zum Besten dient.

> *Komm herein, du Gesegneter des Herrn, ich habe Raum für dich gemacht*

Kühlendes Nass

Unser weisser Freund kann Hitze kaum ausstehen. Den Winter mag er aber sehr. Im heissen Sommer leidet er. Wenn es wirklich warm ist im Haus, sucht er sich den kühlsten Platz aus. Im Badezimmer legt er sich auf die kalten Fliesen. Aber dennoch hängt er seine Zunge heraus, um sich abzukühlen, denn das ist die einzige Möglichkeit, die Körpertemperatur auszugleichen. (Hunde besitzen keine Schweissporen.)

Ich kenne eine bessere Lösung: Unweit unseres Hauses befindet sich ein grosser Brunnen, aus dem ununterbrochen kühles Wasser fliesst. Dorthin führe ich Julius, und augenblicklich springt er ins kühle Nass.

Ich kann direkt beobachten, wie er sich zunehmend wohler fühlt, weil sich seine Körpertemperatur auf ein angenehmes Mittelmass einpendelt. Er weiss, dass es mir um sein Wohl geht und er mir vertrauen kann.

Das erinnert mich daran, wie auch Gott um unser Wohl besorgt ist. Er sucht nur das Allerbeste für uns alle. Er kennt unsere Bedürfnisse und stillt diese auf die beste Art und Weise.

In Jeremiah 29:11 versichert uns Gott:

„Denn ich weiss, was für Gedanken ich über euch hege, spricht der HERR, Gedanken des Heils und nicht des Unheils. Ich will euch eine Zukunft und Hoffnung geben."

Wir können ihm blindlings in allen Situationen vertrauen.

> *Gott ist der Wohlwollendste im ganzen Universum*

Ich hab's gefunden

Einen von mir versteckten Tennisball im Garten zu suchen, ist ein reines Vergnügen für unseren Jäger. Wenn ich ihm zurufe: „Such!", so schiesst er los. Er schaut zwischen den Sträuchern, sucht unter meinen Schuhen und schnüffelt überall im Gras.

Wenn er das runde Ding gefunden hat, gibt er es nicht mehr her. Er rennt von mir weg, damit ich ihm den Ball auf keinen Fall wegnehmen kann. Doch wie es mir schliesslich gelingt, den Wilden zu packen, kann ich seine Schnauze kaum öffnen, um ihm das Gefundene wegzunehmen. Das Ding gehört jetzt ihm. Er hat gefunden, was er suchte.

Die Geschichte in Lukas 15:8 ist sehr ähnlich: Jüdische Mädchen sammelten besonders kostbare Münzen, und es dauerte jeweils Jahre, bis sie 10 Stück zusammen hatten.

War es schliesslich soweit, konnten sie Heiraten. Am Hochzeitstag nämlich wurden diese zehn kostbaren Geldstücke in ihr Haar eingeflochten, und jedermann sah, dass dieses Mädchen die Bedingungen zur Heirat erfüllt hatte.

Der Hochzeitstag war offiziell bekannt, und alle Vorbereitungen waren getroffen. Diese jüdische Jungfrau hatte die 10 Silberlinge sorgfältig beisammen, als plötzlich einer verloren ging. Nun konnte die Hochzeit nicht stattfinden! Deshalb sucht sie panisch überall nach diesem Geldstück. Möbelstücke werden beiseite gerückt. Alles wird abgesucht. Ohne die kompletten 10 Münzen wird der Bräutigam nicht aufkreuzen.

Doch schliesslich findet sie das verlorene Stück. Nun ruft sie ihre Freundinnen und Nachbarn zusammen.,,Ich hab's gefunden! Ich habe die 10 beisammen. Die Vermählung kann stattfinden!"

Sollten wir nicht auf die gleiche Weise den grossen Missionsauftrag Jesus Christi erfüllen? Jesus als Bräutigam wird nicht kommen, es sein denn, alle Völker haben die Gute Nachricht seiner Erlösung gehört und die Vollzahl der Heiden ist eingegangen. Markus 13:10

Lasst uns evangelisieren und das Kommen Jesu Christi dadurch beschleunigen.

Sein Name

Julius besitzt einen Namen, und das weiss er gut. Er ist ein „Einzelstück". Wenn ich seinen Namen rufe, hebt er seinen Kopf, schaut mich an und wartet auf Anweisungen. Er weiss, dass ich ihn bei seinem persönlichen Namen kenne.

Die Bibel sagt auch, dass Gott unsere Namen auf seine Handfläche geschrieben hat. Eines Tages gibt er uns einen neuen Namen, den nur er und der Empfänger kennt.

Jesaja 43:1 ist einfach ermutigend. „Fürchte dich nicht, ich befreie dich! Ich habe dich bei deinem Namen gerufen, du gehörst mir."

Es ist interessant, dass Maria Magdalena am Ostermorgen Jesus erst erkannte, als er sie bei ihrem persönlichen Namen rief.

Für viele Christen ist die Bedeutung ihres Namens wichtig. Gerade deshalb hat man die Bedeutung von Tausenden von Namen erforscht und darüber ein entsprechendes Lexikon verfasst.

Mein Name und dessen Bedeutung mit einem entsprechenden Bibelvers hängt eingerahmt über meinem Schreibtisch. Oft erinnere ich mich an die Bedeutung meines Namens und versuche, danach zu leben.
    Lebe gemäss der Bedeutung deines Namens!

Aber wenn du die Bedeutung deines Namens auch nicht kennst, so sei getrost, Gott ruft dich bei deinem persönlichen Namen.

Lasst uns zudem darauf bedacht sein, dass wir einen guten Namen in unserem Umfeld besitzen. Denn in Sprüche 22:1 heisst es:

„Ein guter Name ist wichtiger als viel Geld, ein gutes Benehmen besser als Gold und Silber."

> *Gott hat einen wunderbaren neuen Namen für dich bereit*

Ablehnung

Manchmal, wenn Eliane liest, will unser Zotteltier ihre Aufmerksamkeit. Aber jetzt möchte sie nicht gestört werden, und sie stösst ihn auf die Seite. „Nein Julius, jetzt habe ich keine Zeit für dich!", ruft sie ihm zu. Das allerdings stört ihn nicht weiter. Er knurrt nicht, bellt nicht und winselt kaum. So kommt er einfach zu mir, schmiegt sich an meine Füsse und will gestreichelt werden. Die Abweisung durch Eliane stört ihn überhaupt nicht, er hat einen Plan B.

In der Bibel gibt es zahlreiche Beispiele, wie man mit Ablehnung umgehen soll. Nicht wie ich, der ich im Selbstmitleid versank und mit Bitterkeit kämpfen musste.

Moses. Er wird von seiner Schwester beschuldigt und falsch verdächtigt. Doch er geht hin und betet für Mirjam, die neben ihren Schuhen steht.

David. Ununterbrochen von Saul verfolgt, bietet sich ihm die Möglichkeit, seinen Feind umzulegen. Doch dort in der Höhle schneidet er nur einen Zipfel des königlichen Gewandes ab.

Jeremia. Seine geschriebenen Prophezeiungen werden beschlagnahmt und verbrannt. Doch er setzt sich einfach hin und schreibt alles noch einmal. (Wir besitzen die zweite, verbesserte Version!)

Jesus. Aufgefordert, die Ehebrecherin zu verdammen, widersteht er der Ablehnung und Verdammung des Volkes, ist gnädig und rettet sie vor ihren Verfolgern.

Stephanus. Unter dem Steinhagel betet er für seine Feinde.

Wie unser kleines Männchen die Ablehnung geduldig erträgt, sollen wir aus diesen biblischen Beispielen lernen und in der Ablehnung Liebe zeigen

Zeitspanne

Ich wohne auf der Jura Bergkette, die aus Kalkstein besteht. Hunderte von Kilometern zieht sich diese gelbweisse Gesteinsmasse durch die Schweiz. Doch oft komme ich an grossen, grauschwarzen erratischen Gesteinsblöcken vorbei. Sie bestehen aus Granit und wurden während der Eiszeit aus den Alpen um Hunderte von Kilometern verschoben. Doch nicht der Bellende, der diese grossen Steinblöcke umrundet, stimmt mich nachdenklich, sondern die enormen Zeitspannen, in denen Gott denkt.

Millionen und Milliarden von Jahren vor mir hat Gott gewirkt. Erst vor wenigen Tausend Jahren schuf Gott die Menschheit. Welch kurze Periode! Doch dann vor 2000 Jahren kam Jesus auf diese Welt.

Während wir weiterwandern, gelange ich zum ältesten Kloster der Schweiz. Vor 1500 Jahre gründeten hier zwei französische Mönche eine Kapelle, und Gottes Werk wuchs: Vor 1000 Jahren schenkte Gott eine derartige Bewegung des Geistes, dass innert kurzer Zeit 10'000 Klöster von Spanien bis Polen wie Pilze aus dem Boden schossen.

Hier in Romainmôtier muss Julius draussen bleiben, denn an diesem Ort ist fast ununterbrochen, während 1500 Jahren, gebetet und Gott gelobt worden. Während ich in dieser romanischen Kirche knie und bete, danke ich Gott für die kurzen 70 Jahre, die er meinem Leben zugemessen hat.

Dann gehe ich wieder nach draussen, binde meinen Hund vom Pfosten los und schaue ihn an. Er hat nur einen Zehntel meiner Lebensspanne zu erwarten. Bald wird er sterben, dann hat er seinen Auftrag erfüllt.

Auch ich will meinen von Gott geschenkten Auftrag erfüllen, doch wir werden **ewig** mit Christus leben. Welch eine Zeitspanne!

> *Gott hat einen ganz anderen Zeitplan als wir*

Fleisch

Während Jahren bin ich im nahegelegenen Wald spazieren gegangen. Ich bin nicht der einzige Hundebesitzer, der das tut, denn der Wald gehört zu unserem Wohnort, und andere Tierhalter tun das Gleiche.

Während ich durchs Gehölz schlendere, rennt mein Jäger überall herum. Er schnüffelt unter den Büschen, kommt zu mir, will gestreichelt werden, und dann rennt er wieder davon.

Da schau mal einer her! Plötzlich kommt er und hält etwas zwischen seinen Zähnen: Ein grosses, schönes Stück Fleisch. Ich traue meinen Augen nicht. Wer in aller Welt wirft ein solch schönes Steak weg?

„Komm Kleiner, du hast vor wenigen Minuten zu Hause dein Fressen gehabt. Also dieses schöne Stück Fleisch brauchst du jetzt nicht auch noch!", denke ich, und durch einige Kniffe gelingt es mir, das Fleisch aus seiner Schnauze zu zerren. In weitem Bogen werfe ich es wieder unter die Büsche.

Über das Ganze hatte ich nicht weiter nachgedacht, ja, bis ich einige Tage darauf einen Brief von den Behörden in meinem Briefkasten fand, wo ich las:

"Werte Hundehalter,
es gibt jemanden in unserem Wohnort, der Hunde nicht ausstehen kann. Gehen sie mit ihrem Hund nicht mehr in unserem Waldstück spazieren. Denn dieser Tierhasser (wir wissen nicht, wer es ist) hat vergiftetes Fleisch ausgelegt, um die Hunde umzubringen."

Mensch, war ich aber froh, dass ich unserem Hund das Steak entrissen hatte. Ich hatte keine Ahnung, dass es vergiftet war.

Und so macht es Gott auch in unserem Leben. Manchmal nimmt er uns etwas weg, weil er weiss, dass es uns nicht gut tut. Wie danke ich Gott für das, was er auch in meinem Leben manchmal von mir entfernte. Wenn ich zurückschaue, war es das Hervorragenste, was Christus für mich tun konnte. Wenn er manchmal etwas wegnimmt, dient es uns zum Besten und bereitet uns für das zukünftige Leben vor.

Hat alles, was er braucht

Man sagt, dass jede käufliche Hundenahrung alles beinhaltet, was diese Vierbeiner bedürfen. Es heisst immer wieder, es gebe keine schlechte Hundenahrung auf dem Markt.

Um dies zu beweisen, zeigte ein Produzent am Fernsehen, neben dem Verarbeitungsprozess des Futters, auch alle Zutaten: Körner, getrocknetes Gemüse, Fleisch, und alles, was ein Hund braucht. „Eine sehr ausgewogene Mischung, besser als viele Menschen sie zu sich nehmen", erklärte der Hersteller. Mit diesen Worten nahm er eine Handvoll Hundenahrung vom Fliessband und ass diese vor den Zuschauern.

Seit Jahren nun ist unser Langohriger sehr gesund und lebendig. Zudem ist er drinnen in kühler Umgebung im Sommer und in warmer im Winter. Er hat alles, was er braucht: Bewegung, Auslauf, gutes Futter, frisches Wasser und unsere Aufmerksamkeit.

Wenn ich 2. Petrus 1:2-4 lese, sehe ich, dass es zwischen uns und Gott ebenso ist. Er hat uns **ALLES** gegeben, was wir zur Gottseligkeit und biblischem Leben brauchen.

„Gnade sei mit euch und vollkommener Friede durch die Erkenntnis Gottes und unseres Herrn Jesus! In seiner göttlichen, schöpferischen Kraft hat er uns **alles** geschenkt, was zu einem rechten Leben in wahrer Gottesfurcht nötig ist."

> *Gott will, dass alle unsere Bedürfnisse gestillt werden*

Negatives verwandelt sich in Positives

Wenn man einen Hund hat, erlebt man Negatives und Positives. Aber Gott ist Meister im Verwandeln von weniger Gutem in sehr Gutes, also von Negativem in Positives.

Julius braucht Aufmerksamkeit, und das ist zeitaufwändig. Ausserdem, gibt es finanzielle Auslagen die man ohne Hund nicht hat. Manchmal schränkt er uns in unserer Freiheit etwas ein. Besonders beim Ausgehen sind uns durch ihn Grenzen gesetzt. Gelegentlich weckt der Kerl uns frühmorgens. Ab und zu müssen wir ihn zum Tierarzt bringen, damit er eine Impfung gegen Parasiten bekommt. Das sind negative Dinge.

Aber jetzt das Positive.

Dieser Vierbeiner zwingt mich, täglich zu wandern, was ich sonst nicht tun würde. Also er hilft mir, fit zu bleiben. Wenn ich mit ihm eine Stunde unterwegs bin, habe ich viel Zeit zum Beten. Mit ihm alleine im Wald singe ich oft vor Gott.

Die Statistik belegt, dass Ehepaare mit einem Hund eine bessere Ehe führen als ohne. Man muss lernen zu geben und zu nehmen. „Nimmst du, Eliane, den Hund heute Morgen? Ich werde mit ihm am Nachmittag spazieren gehen." Oft sind wir zu dritt unterwegs. Das ist für uns als Ehepaar immer wieder eine gute Gelegenheit, tiefgreifende Gespräche zu führen.
    Das Positive überwiegt also bei weitem.

So ist es auch bei Gott. Die Katastrophe mit **Adam und Eva** im Garten Eden hatte zur Folge, dass wir einmal in einer unglaublich schönen Stadt wohnen werden.

Josef wurde als Sklave nach Ägypten verkauft und wurde nicht nur zum Retter seiner Familie, sondern seines ganzen Volkes.

Die **Banditen,** Nichtsnutze und rohen Kerle, die sich um David scharten wurden schliesslich zu Helden und seinen besten Männern.

Petrus, der Jesus verleugnete, wurde zum Gründer der Kirche Jesu und führte Tausende zu Christus.

Sind wir doch ermutigt, denn Gott verwandelt unsere Versager und Mängel in wunderbare Segnungen. Er nimmt saure Zitronen und macht ein fantastische Limonade daraus.

> *Suche ich Negatives unter den 12, finde ich Judas. Suche ich Positives, finde ich Jesus.*

Manipuliert

Es ist kaum zu glauben, aber manchmal ist unser Dritter im Bund wirklich ein Clown. Er versucht uns zu manipulieren, je nachdem, wie die Umstände sind.

Wenn er unbedingt etwas will, wie z.B. einen Knochen zum Nagen, zieht er alle Register, um seine Zuneigung zu mir zu zeigen. Er springt auf meinen Schoss und legt seinen Kopf an meine Schulter. Dann schaut er mich herzerweichend an mit Augen, die fragen: „Kann ich jetzt einen Knochen bekommen?"

Wenn wir spazieren, will er manchmal zurück nach Hause. Also fängt er an zu humpeln, und wir denken, jetzt müssen wir mit dem armen Kerl umkehren. Also drehen wir in Richtung Haus, und sofort kann er wieder perfekt rennen. Also, er manipuliert uns.

Es kommt auch vor, er zu zittern beginnt, damit wir Mitleid mit ihm bekommen und ihm geben, was er verlangt.

Manchmal frage ich mich, ob er das als kleines Hündchen gelernt hat, damals in Belgien. Ja, er war der Vernachlässigteste des Wurfes, und der Letzte der verkauft wurde. Oder ist es vielleicht sein Naturell?

So frage ich mich: Manipuliere ich andere Menschen? Habe ich auch noch innere Verletzungen, die ich mit „Tun als ob" überdecken will? Und dann erinnere ich mich an andere, die mich manipulierten, ohne dass ich es selber merkte.

Lassen wir jede Manipulation, und seien wir vorsichtig, damit wir selber nicht manipuliert werden.

> *Gott lässt sich überhaupt nicht manipulieren*

Mehr Raum

Unser Garten ist nicht gerade klein, aber rundum hat es Hecken. Unser Weisser mit braunen Flecken kann herumrennen, aber manchmal will er etwas mehr Auslauf. Also schleicht er sich in den Nachbargarten.

Manchmal darf er mitkommen in mein Missionsbüro. Dort hat er zwei Räume zur Verfügung. Doch manchmal will er mehr als das und beginnt zu bellen, denn er will raus aus der Enge.

Wir besitzen einen kleinen Brunnen im Garten. In diesem könnte er sich abkühlen. Aber nein, er will einen grossen Brunnen, ja, ein See wäre noch besser. Einengung kann er nicht ausstehen. Und wir?

Es sieht so aus wie bei Jabez in 1. Chronik. 4:10, dem es auch zu eng wurde. Deshalb fleht er Gott an:

„Oh Gott, erweitere meine Grenzen!"

Wo war er denn zu stark eingegrenzt?

Hatte er zu wenig Freunde und brauchte er mehr Kontakte?

Hatte er mehr Finanzen nötig, um seine Familie durchzubringen?

Hatte er zu wenig intellektuelle Stimulation und wollte seinen Wissensdurst vermehrt stillen?

Verstand er die Wege Gottes zu wenig und wollte mehr nach göttlichen Prinzipien leben?

War er zu scheu und viel zu sehr zurückhaltend, wenn es darum ging, anderen von Jehova zu erzählen?

Lag ihm seine Frau in den Ohren, dass er sich zu wenig um sie kümmerte?

Und die Kinder, dachten sie, er sei viel zu wenig zu Hause?

Ich weiss nicht, wo du eingeengt bist. Aber bitte Gott, dass er deine Grenzen erweitert, und du wirst überrascht sein, was Gott wirkt.

> *Wenn Gott dein Partner ist, so stecke deine Ziele weit*

Komm schnell

Mein Hund weiss, dass es das Beste für ihn ist, zu mir zu kommen, wenn ich ihn rufe. Er ist sich bewusst, dass ich ihn nicht strafe, sondern dass er liebevoll gestreichelt wird.

Die gegenseitige Liebe und Wertschätzung ist für uns zwei kostbar. Wir sind tatsächlich Freunde geworden. Julius versteht nicht nur meine Befehle. Mit seinem Gespür und seinem Instinkt ahnt er auch meine Wünsche.

Er weiss, es ist gut und schön, zu mir zu kommen, und deshalb gehorcht er schnell. Voller Erwartung ist er da und fragt sich womöglich: „Gehen wir spazieren? Erhalte ich etwas zu fressen? Kann ich mich neben dich aufs Sofa setzen oder wird mein Fell schön gebürstet?"

Diese Beziehung hat mir oft den Anstoss gegeben, über mein Verhältnis zu Christus zu denken. Auch er will, dass ich, ohne Vorbehalte, schnell zu ihm komme. Schliesslich hat er sein Leben für mich gegeben und ruft mich in seine Gegenwart. Es ist einfach umwerfend, dass er uns mit der gleichen Liebe liebt wie er den Vater liebt.

Liebe zu Jesus ist nicht eine sentimentale Gefühlswallung, die sich einstellt, wenn wir eine besondere Frömmigkeit an den Tag legen. Meine Liebe zu meinem Meister muss eine willentliche Entscheidung sein, seinem Verlangen unter allen Umständen nachzukommen. Wir müssen davon überzeugt sein, dass das Allerbeste für uns darin besteht, ihm zu gehorchen.

Das Resultat ist dann, dass er Freude an uns hat und wir seine Zuneigung spüren.

Da bin ich immer wieder überrascht, wie gewisse Menschen in der Bibel den Willen Gottes sofort und und ohne Widerwillen ausführten.

Als Gott **Abraham** aufforderte Isaak zu opfern sagt die Bibel, dass er sich frühmorgens schnell auf den Berg Morija aufmachte.

Elia geht sofort zum Bach Krith, als ihn Gott dorthin schickt.

Die **Jünger** verliessen ihr Netze augenblicklich, als Jesus sie in seinen Dienst rief.

Der Apostel **Paulus** sagt: „Ich war der himmlischen Berufung nicht ungehorsam."

Ich erinnere mich, wie Gott mich an einem Jahresende aufforderte, eine grössere Summe meines Geldes an ein Missionswerk zu spenden. „Gut", dachte ich, „in einigen Tagen, im neuen Jahr dann werde ich das tun." Doch augenblicklich sagte der Heilige Geist: „Nicht im nächsten Jahr, in einigen Tagen, sondern sofort, tue es gleich!" Ich ging nach Hause und tätigte sofort die Geldüberweisung.

Es liegt an uns, sofort und schnell zu handeln, wenn Gott uns einen Auftrag gibt.

> *Verzögerter Gehorsam und teilweiser Gehorsam ist Ungehorsam*

Brot

Es ist 11 Uhr morgens, und der Fresssack wird ganz ungeduldig. Unruhig geht er umher und beginnt schliesslich zu bellen. Da sitzt er vor dem Schrank, worin die Nahrungsmittel sind, und winselt. Ach ja, es ist 11 Uhr und damit Zeit, dass er sein tägliches Stück Brot erhält. Seine innere Uhr zeigt ihm dies regelmässig an.

Wenn ich ihm etwas Brot gebe, denke ich an die Bitte im „Unser Vater, gib uns heute unser täglich Brot." So wie Julius Tag für Tag seinen Bedarf abgedeckt erhält, so sorgt auch Gott täglich für uns. Er ist Jehovah-Jireh, Gott der Versorger. Während Jahrzehnten hat er immer wieder neu für meine Frau und mich gesorgt. Aber im „Unser Vater" ist diese Bitte fürs tägliche Leben nicht in der Einzahl, sondern in der Mehrzahl:

GIB UNS.

Und das soll uns zum Gebet für unsere Brüder und Schwestern in Gottes Familie motivieren. Aber nicht nur an Essbares sollen wir denken, sondern auch an geistliche Nahrung.

Ich muss ja auch täglich spirituell genährt werden wie Millionen von anderen Christen auf gleiche Weise. Wohl deshalb hat mir Gott auch die Aufgabe zugewiesen, Tonnen von Bibeln und anderer geistlicher Literatur in Drittweltländer zu verschiffen, um der bestehenden Literaturnot dort zu begegnen. Da bete ich immer wieder darum, dass dieses geistliche Brot den Hunger vieler Bedürftiger stillen kann.

Schnee

Neuschnee ist gefallen. Mensch, wie liebe ich es doch, durch die tiefverschneite Winterlandschaft zu stapfen! Unbeschreibliches Weiss unter strahlend blauem Himmel.

Auch für Julius ist dies die bevorzugte Jahreszeit. Er kann meinen geworfenen Schneebällen nachrennen und sich im Schnee wälzen. Ist er durstig, leckt er den Schnee. Doch was mich überrascht, ist Folgendes.

Es gibt einen begehbaren, kleinen Fussweg, auf dem es leicht ist, vorwärts zu kommen. Doch ich mag es, durch den tiefen, frischen, unberührten Schnee zu stapfen. Wo aber läuft der Vierpfotige? Auf dem geräumten Weg! In den Tiefschnee rennt er erst, wenn ich einen Schneeball werfe. Dann nimmt er die Herausforderung an, so wie wir es selbst auch tun: Wenn Gott uns einen Auftrag gibt, führen wir ihn aus.

Doch beginnen tut unser Springer auf dem leichteren Weg und nicht im schwierigeren Tiefschnee. Das erinnert mich an Jesus und seine Jünger.

Er begann mit nicht allzu schweren Aufgaben. Zuerst liess er sie an Erfolgserlebnissen teilhaben. Blinde sahen, Lahme konnten gehen, und Dämonen verliessen Besessene. Erst später erklärte Jesus den Zwölf, was Nachfolge mit Verfolgung bedeutet und dass er in Jerusalem gekreuzigt würde.

Gott ist gnädig und beginnt langsam mit uns, damit wir die Kurve kriegen. Das Schwierigere kommt später, wenn wir etwas reifer und belastbarer geworden sind. Er weiss, wie viel wir ertragen können.

Ich merke auch, wie mein Hund von „Vorläufern" profitiert. Und so will Gott, dass auch wir von Vorläufern Hilfe erlangen können.

Vögel fliegen in einer V-Formation, wenn sie längere Strecken zu überwinden haben. Dadurch erlangen sie 40% grössere Reichweite. Jeder Vogel hilft dem nachfolgenden durch den Aufwind, den er mit seinem Flügelschlag produziert. Dadurch sparen alle beinahe die Hälfte ihrer Energie. Nur der Vorderste profitiert nicht davon. Deshalb wechseln sie sich auch immer wieder gegenseitig ab, da vorne die Ermüdungserscheinungen am stärksten sind.

Also frage ich mich: Bin ich als ein im Verband Fliegender in der richtigen Position, um dem Hintermann einen maximalen Aufwind zu liefern? Von wem vor mir erhalte ich gleichzeitig selbst Aufwind? Bin ich immer im Leib Christi richtig positioniert, damit insgesamt eine grössere Reichweite erzielt wird?

Oft muss ich auch willig sein, manchmal an der Spitze, ohne Aufwind, zu fliegen. Zusammen können wir grössere Höhen und weitere Distanzen überwinden. Denn die Bibel sagt: „Ein jeder sehe nicht nur auf das Seine, sondern auch auf das, was des Andern ist."

Unser Langhaariger profitiert vom gepfadeten Weg, der durch andere schon für Nachfolger präpariert wurde. Machen wir es doch ebenso.

> *Gott will Synergie unter uns*

Zugewiesener Ort

Wenn Eliane und ich gelegentlich einen Kurzurlaub einschalten, buchen wir ein kleines Hotel am See. Julius ist jeweils auch dabei. Gäste mit einem Hund sind dort willkommen, und so nisten wir uns für drei Tage ein.

Da befindet sich Nummer drei der Familie an einem neuen Ort. Aber wir sind ja auch da, und er zeigt kein Befremden. Sein Platz ist ihm von uns zugewiesen.

Wir sagen ihm, dass dies nun sein Aufenthaltsort sei. Er hat unseren Befehl, hier zu bleiben und spürt unsere Nähe.

Hier kann er ruhig und zufrieden sein. Ein Ort, der gut für ihn ist. Wir stellen ihm eine Schale Wasser und seinen gefüllten Fressnapf ins Badezimmer. So hat er alles, was er braucht.

Zusätzlich hat er sein Körbchen, damit er weiss, wo er schlafen kann. Er kennt keine Angst, dass wir ihn alleine lassen und vergessen.

Ausserdem hat er genügend Raum zwischen dem Badezimmer und dem Schlafzimmer, um sich zu bewegen. Also, er ist nicht eingeengt.

Dann ist dies auch eine Vorbereitungszeit für ihn, denn er wird vermehrt mit uns spazieren und im See schwimmen.

So sehen wir hier Parallelen zum Leben des Propheten Elia in 1. Könige 18. Gott wies ihm einen besonderen Ort am Bach Krith zu.

Weil er einen göttlichen Auftrag hatte, an diesem Ort zu bleiben, war er zufrieden und musste sich keine Sorgen machen.

Sein „Chef" versorgte ihn mit allem, was er brauchte. So hatte er Wasser, und die Raben brachten ihm Fleisch und Brot, zweimal am Tag. Wenn Gott dich an einen bestimmten Ort führt, gibt er dir, was du nötig hast. Physisch, geistlich, emotional, intellektuell. Er versorgt dich komplett.

Es war auch eine Ort der Ruhe und der Stille. Wir alle brauchen das immer wieder einmal, denn Gott ruhte auch am siebten Tag.

Elia fühlte sich in absoluter Sicherheit, denn Ahab, sein Feind, fand ihn nie und er brauchte sich keine Sorgen um die Auswirkungen seines Dienstes zu machen.

(Seine prophezeite Trockenperiode hatte verheerende wirtschaftliche Folgen für das Land, aber genau das hatte Gott ihm aufgetragen anzukündigen.) Lassen wir uns also nicht den Schlaf rauben durch Sorgen über die Resultate unseres von Gott anvertrauten Wirkens.

Gott bereitete den Propheten auch auf eine schwierigere und verantwortungsvolle Zukunft vor. Als der Bach austrocknete, musste er ins Ausland (nach Phönizien) reisen und dort von einer Witwe Brot erbitten. Das war zweifelsohne schwieriger, als jeden Tag auf die dienenden Raben zu warten. Ausserdem gab es nur Mehl und Öl. Also, Brötchen zum Morgenessen, Pfannkuchen am Mittag, und abends Spaghetti. Wie langweilig! Als die Witwe ihm die Schuld am Tod ihres Sohnes zuschob, musste er diesen vom Tod auferwecken.

Schliesslich floh er vor der diabolischen Königin Isabell, als sie ihm mitteilte, dass sie ihn am nächsten Morgen töten werde. Aber Elia war eben nicht verheiratet und wusste nicht, dass die Taten einer Frau nie so gravierend sind wie ihre Drohungen. Das Bellen des Hundes ist immer furchterregender, als sein Biss wirklich ist.

Aber fass Mut! Wenn Gott dich an einen besonderen Platz führt, stehst du in seinem Willen, und er nimmt sich deiner total an.

So halten wir es auch mit unserem Langohrigen.

Besonderes Holz

Wenn ich mich im Tannenwald wenige Minuten von meinem Haus entfernt befinde, hebe ich ein Stück Holz auf und werfe es ins Dickicht, damit dieser Jagdhund es sucht. Was mir zuerst zu denken gibt, ist das Echo, das ich auf meinen Ruf: „Such!", höre. Es scheint mir, dass ich mich in einer riesigen Violine befinde. Doch das ist nicht das Einzige.

Ich stehe mitten in dem Wald, wo die in der Schweiz von den Instrumentenbauern bevorzugten Bäume wachsen. Um eine optimale Resonanz zu erhalten in Violinen, Gitarren und anderen Windinstrumenten, braucht es besonderes Holz:

Tannenholz, das sehr langsam gewachsen ist. Die Jahresringe müssen sehr eng aufeinander folgen. Aber wie kommt es dazu? Erstens ist der hiesige Waldboden karg und steinig, und zweitens wird es im Winter kalt und rau. Das führt dazu, dass die Bäume sehr langsam wachsen, aber das Holz ist fantastisch, das beste für den Instrumentenbau.

Vielleicht hast du auch Jahre in rauhem Klima verbracht, unter Menschen, wo dir die erforderliche Wärme fehlte? War dein Umfeld etwas trocken und steinig, unfreundlich und schwierig?

Mach dir keine Sorgen! Wenn Jesus aus dir, dem Baumaterial, ein Instrument baut, dann entsteht aus deinem langsamen und schwierigen Wachstum ein wunderschönes Musikinstrument.

Dank deiner Resonanz wird die Herrlichkeit und Ehre durch dich in unendlicher Schönheit erklingen, denn durch deine durchgestandenen Unannehmlichkeiten und Prüfungen bist du zum besten Baumaterial für den Meister geworden.

Schwierige Umgebung formt uns für eine verheissungsvolle Zukunft

Ein Renner, aber nicht der schnellste

Unser Vierpfotiger rennt gern, aber ist nicht ein Schneller. Wenn er im Spiel mit einem andern Hund rennt, befindet sich Julius immer hinterher, aber schliesslich schafft er es auch, ans Ziel zu kommen. Der Schnellere motiviert ihn zu folgen.

Wenn ich das sehe, kommen mir zwei Renner aus der Bibel in den Sinn.

Es ist Ostermorgen, und Maria Magdalena erzählt aufgeregt den Jüngern dass das Grab leer ist. Obwohl Petrus verheiratet ist, versteht er Maria nicht ganz. Für uns Männer gibt es ja nur zwei Zeitabschnitte im Leben einer Frau, wo wir sie nicht verstehen: bevor wir verheiratet sind und nachdem wir verheiratet sind.

Petrus und Johannes wollen rasch hingehen und das selber sehen. Beide starten gleichzeitig, aber Johannes ist jünger und fiter. Er erreicht das Grab als Erster, geht aber nicht hinein, sondern schaut sich das von aussen an. Nun kommt keuchend auch Petrus an. Typisch für ihn stürzt er mutig direkt ins Grab hinein.

Die Bibel sagt: „Als Johannes das sah, ging auch er ins Grab." Die direkte Art von Petrus motivierte den etwas scheuen und zurückhaltenden Johannes, auch ins Grab hinein zu gehen.

Da frage ich mich, ob ich durch meine Art auch andere motiviere. Welchen Einfluss hat meine Persönlichkeit auf andere? Sollte ich auch andere beobachten und mich von ihnen inspirieren lassen?

Schauen wir uns doch um und lernen von „Mitläufern"

Gestochen

Während ich einen Fussweg entlang ging, jaulte mein Vierbeiner plötzlich aus Leibeskräften und schoss wie eine Rakete davon. Innert Sekunden war er meinen Blicken entschwunden.

Ich war weit von unserem Wohnort entfernt, hatte mein Auto im Wald parkiert und war mit Julius einen wundervollen See entlanggeschlendert, dessen Wasser Trinkwasserqualität aufweist.

Doch in der von uns soeben passierten Passage wimmelte es plötzlich von fliegenden Wespen. Offensichtlich war er von einem dieser Biester gestochen worden, und in Panik war er davon gerast. Wo nur würde ich jetzt meinen Hund finden können?

Besorgt ging ich weiter und weiter, und schliesslich kam ich dorthin zurück, wo ich mein Auto im Wald parkiert hatte. Doch ich konnte es kaum glauben. Da sass der Zitternde und wartete auf meine Rückkehr.

Instinktiv wusste er, dass ich ihn aus der Gefahrenzone bringen und nach Hause nehmen würde, wo er in Sicherheit war und wo er etwas zu fressen bekam. Welch eine Lektion für mich!

Wie reagieren wir in solchen Situationen? Wenn wir von anderen Menschen gestochen werden, rächen wir uns? Pflegen wir dann unsere Wunden und versinken in Selbstmitleid? Sollten wir nicht in die Gegenwart Gottes kommen und ihm vertrauen, dass er uns in Sicherheit bringt? Schliesslich heisst es in Sprüche 18:10:

„Der Name des Herrn ist ein starker Turm, der Gerechte flieht dort hinein und ist sicher."

Ich bin immer wieder neu von David beeindruckt: Als er sich anschickte, Goliath umzubringen, wurde er von seinen Brüdern arg „zerstochen". Sie beschuldigten ihn, die Schafe seines Vaters unbeschützt zurückgelassen zu haben. Als Nichtsnutz sei er nur aus Neugier gekommen, um zu sehen, wie die Schlacht verlaufen werde.

Aber David drehte sich auf den Zehenspitzen um und verliess die „Wespen", um seine Zuflucht in Gott zu finden und den von Jehova zugewiesenen Auftrag zu erfüllen. Er wusste, wo er Sicherheit fand, wo er sich nicht verteidigen musste.

Das Körbchen

Die Nacht bricht herein, und unser Zottelkerl will sich zur Ruhe legen. Dafür hat er sein Körbchen. Darin befindet sich ein ausgelegtes Tüchlein und ein kleines Kissen. Doch es ist sehenswert, was er jetzt macht.

Das Kissen packt er mit seiner Schnauze und legt es wohl fünfmal von einem Ende des Körbchens zum andern. Dann arrangiert er das Tuch immer - und immer wieder. Er dreht sich im Kreis und legt sich sein Nest immer wieder von neuem zurecht. Nach etwa fünf Minuten hat er schliesslich alles so eingerichtet, wie er es will, und er legt sich schlafen.

Da frage ich mich, wieviel Zeit ich verwende und wie gross mein Aufwand ist, um mein „Nest" zu machen. Nein, nicht das hier auf Erden. Wir haben ja hier keine bleibende Stätte, sondern die zukünftige Stadt, die Gott gebaut hat, suchen wir.

Die Bibel sagt, dass wir unsere Schätze nicht dort anlegen sollen, wo Rost und Motten sie fressen. Matthäus 6:18,19

Schliesslich können wir nur das behalten, was wir weggeben. Also investieren wir für die Ewigkeit und „machen unser Nest" so, dass wir einmal im Himmel ernten können.

In 1. Korinther 3:12 ist klar ersichtlich, dass wir mit verschiedenartigem Baumaterial bauen können. Solches, das leicht brennbar ist und anderes, das kostbar und wertvoll ist. Wir können wählen, was wir wollen.

Ich will die guten Werke tun, die Gott für mich vorbereitet hat, dass ich sie tun soll. Licht und Salz sollen wir hier auf Erden sein. Wenn wir einmal vor Gott stehen, wollen wir ja seine Worte hören: „Ei du frommer und getreuer Knecht, du bist über wenigem treu gewesen, ich will dich über viel setzen."

Hilf mir Herr, ewigkeitsorientiert zu sein und mein zukünftiges Nest so intensiv vorzubereiten, dass es dir gefällt und mir zum Besten dient.

Andere Umstände

Es regnet und es ist entsetzlich kalt. Der Sturm braust derart, dass Äste von den Bäumen gerissen werden. Doch mit unserem Haustier müssen wir täglich raus, bei jedem Wetter. Allerdings unter diesen Umständen erwarte ich nicht, dass Eliane ihn lange ausführt. „Heute müssen einige Minuten genügen", erklärt sie mir und führt den Vierbeiner kurz um unser Haus.

Aber das ist nicht, was er erwartet hat. Er will unbedingt seinen ausgedehnten Spaziergang im Wald, wo er den Fährten von Hasen, Füchsen und Rehen folgen kann.

Sobald er sein „Geschäft" unter den Büschen erledigt hat, geht es zurück zum Eingang, wo meine Frau ihn schnell abtrocknet. Doch das will er jetzt nicht. Er windet sich und versucht loszukommen. Seine Erwartungen wurden nicht erfüllt. Schliesslich muss er gehorchen, und so legt er sich im Haus traurig unter den Tisch.

Und wir? Wie verhalten wir uns, wenn die Umstände ganz und gar nicht so sind, wie wir es uns wünschen?

Abraham gelangt ins verheissene Land, wo eine grosse Hungersnot herrscht. Welch ein Willkommensgruss! Nun packt ihn die Panik, und er flüchtet mit allem, was er hat, nach Ägypten. Doch aus Mangel an Glauben greift er dort zu einer Lüge, weil er um sein Leben bangt. Wenn wir uns nicht im Zentrum des Willens Gottes befinden, können wir auch nicht genügend Glauben an den Tag legen. Gott bewahre uns vor panischen, falschen Entscheidungen!

Die vier Aussätzigen in 2. Könige 7:3 erwarten, dass sie ausserhalb ihrer Stadt im Feindeslager getötet werden. Doch als sie dort ankommen, finden sie alles, was sie brauchen, und noch mehr dazu. Gott hatte den Feind in die Flucht geschlagen. Und dieser hatte seine ganze Habe zurückgelassen. Die Vier brachten die gute Nachricht der hungernden Stadtbevölkerung, die dadurch gerettet wurde. Wenn Deine Umstände viel besser sind als du erwartet hast, teile andern die gute Nachricht mit.

Schliesslich empfängt der **Apostel Paulus** die Vision des Mannes, der ihn nach Mazedonien ruft. Er macht sich auf den Weg, findet aber dort keinen Mann am Fluss, sondern eine kleine Frauengruppe. Doch das frustriert ihn nicht, sondern er beginnt schlicht, eine neue Gemeinde zu gründen.

Wenn du unerwarteten Widrigkeiten begegnest, so mach mutig weiter, ohne Rücksicht auf Verluste.

Mag seine Familie

Es ist so bezeichnend. Unser Kläffer mag grundsätzlich alle Hunde: Grosse, kleine, fette wie auch dünne, saubere und schmutzige. Vorbehalte gegenüber anderen Vierbeinern kennt er nicht. Alle gehören zur Hundefamilie.

Da stellt sich die Frage: „Wie sieht es denn im Leib Christi aus?" Ich habe in über 100 Ländern in verschiedensten Kirchen und Denominationen gepredigt und gelehrt. Aber was ich da manchmal erlebt habe, spottet jeder Beschreibung.

Da gibt es gewisse Evangelikale, die mit den Charismatikern überhaupt nichts zu tun haben wollen. Gewisse Charismatiker wollen mit traditionellen Protestanten nicht zusammenarbeiten, weil sie keine Pfingstler sind. Eine sehr bekannte Denomination hat allen ihren Predigern und Pastoren verboten, ausserhalb ihrer Denomination zu predigen.

„Nein, nein, nie würden wir mit Katholiken zusammen arbeiten" sagen gewisse evangelische Kirchen. Und einige katholische Diözesen behaupten, die Evangelikalen seien ein Sektengeschwür in der Gesellschaft. Dann gibt es Pfarrer, die so auf die Lokalgemeinde fokussiert sind, dass sie Missionswerke als unbiblisch betrachten.

Jesus betete um Einheit im Reich Gottes. Wir müssen Gottes Familie als Gott-gegebenes Ganzes sehen.

Last uns Römer 12:10 ausleben:

„Seid euch in herzlicher Bruderliebe zugetan. Kommt einander in Ehrerbietung zuvor!"

Wenn ich sehe, wie Julius überhaupt keine Vorbehahlte gegenüber andersrassigen Hunden hat, sondern sie zu seiner Familie zählt, will ich mehr Brücken zu anderen Kirchen und Gemeinden bauen.

> *Wir wollen Brückenbauer im Reich Gottes sein*

Füsse waschen

Wenn dieser Vierfüssler ein Loch im Garten gegraben hat, um einen Knochen unter einem Busch zu verstecken, sind seine Pfoten schwarz vor Dreck. Also greife ich zum Gartenschlauch und spritze seine Beine ab. Nun will ich seine Pfoten trocknen. Aber er rührt sich nicht vom Fleck. Er erwartet, dass ich ihn vollständig abspritze, wie wenn ich ihn dusche.

Nein, heute müssen nur seine vier schwarzen Extremitäten gereinigt werden. Das reicht vollständig.

Da muss ich an den Apostel Petrus denken. Als Jesus die Füsse seiner Jünger wusch, wollte Petrus mehr von seinem Körper gewaschen haben, nämlich seinen Kopf und seine Hände. Warum wohl? Wusste er vielleicht, dass er noch nicht durch und durch geheiligt war?

Vielleicht wollte Petrus seine Augen gewaschen haben, denn er hatte auf den Wind und die Wogen auf dem See geblickt und den Augenkontakt mit Jesus verloren. (Wie werden die Jünger wohl gelacht haben, als er tropfnass zu ihnen ins Boot stieg ...) Oder schaute er zu viel auf andere, wie z. B. auf den Johannes, als er zu Jesus sagte: „Und er dort?" Doch Jesus wies ihn zurecht mit den Worten: „Was geht dich der an? Schau auf dich selbst."

Mussten eventuell seine Ohren gewaschen werden? Am Ostermorgen, als Maria Magdalena ihm erklärte, dass das Grab leer sei, vermutete er, es sei ein Märchen und rannte hin, um selber zu sehen.

Wollte er auch eine Mundspülung weil er immer vorlaut und prahlerisch war. Lauthals verkündete er, dass er auch mit Jesus sterben wolle. Ahnte er wohl, dass er seinen Mund immer viel zu voll nahm? Auf dem Berg der Verklärung sagte Gott: „Petrus, sei endlich still, denn dies ist mein geliebter Sohn, **den** sollt ihr hören."

Und seine Hände? Er gestikulierte viel zu viel. Und ausserdem war seine Hand schnell am Schwert. Rücksichtslos haute er dem Diener des Kaiphas das Ohr ab.

Aber Gott weiss, wo wir noch Heiligung nötig haben. Sei ermutigt. Er hat ein gutes Werk in dir angefangen und wird es auch vollenden.

Markiert

Unaufhörlich hebt Julius eines seiner Hinterbeine und markiert ständig. Damit will ich sagen, dass er dutzende Male auf einem Spaziergang pinkelt. Es ist zweifelsohne ein Teil seiner Natur, draussen immer seine Präsenz zu markieren.

Besonders wenn er am Strassenrand riecht, dass ein anderer Hund auch gepinkelt hat, muss er auch. Ja, dann kratzt er mit seinen Pfoten noch im Gras, um seinen eigenen Geruch zu hinterlassen. Er will um jeden Preis sagen: „Ich war hier und hinterlasse etwas von meiner Präsenz."

Das erinnert mich an eine Umfrage die unter Neunzigjährigen in den USA gemacht wurde. Sie wurden gefragt: „Wenn ihr nochmals euer Leben leben könntet, was würdet ihr anders machen?"

Durchs Band weg sagten alle: „Wir würden alles dran setzen, etwas nach unserem Tod zu hinterlassen, das uns selbst überdauert."

Ja, das sollte eigentlich auch unser Ziel sein. Wir sollen Frucht produzieren, die in alle Ewigkeit bleibt. Natürlich, wenn wir Kinder haben, lassen wir diese nach unserem Tod zurück.

Ich hoffe, dass meine Bücher auch nach meinem Tod noch nachwirken.

Bitte Gott darum, dass er Dir hilft, Ewigkeitsfrucht hervorzubringen, die du einmal im Himmel ernten darfst. Dazu sind wir alle berufen!

Mobilisierung

Es gibt verschiedene Arten, wie ich den „Wauwau" zu etwas bewegen kann.

Wenn ich will, dass er mit mir einen Spaziergang macht, zeige ich ihm die Leine, und er wird augenblicklich lebendig, also er will mit mir hinaus ins Freie. Dann öffne ich die Autotüre, und sofort ist er im Wagen drin. Er weiss: „Jetzt wird es spannend und aufregend."

An heissen Sommertagen will er im Schatten liegen und nichts tun. Doch dann lasse ich ihn in das kühle Brunnenwasser springen, und er wird derart lebendig, dass er nicht mehr zu halten ist.

Dann aktiviere ich seinen Jagdinstinkt. „Such!" rufe ich ihm zu, nachdem ich ein Stück Holz ins Dickicht geworfen habe.

Man könnte meinen, er sei ein Staubsauger. Mit seiner Nase konstant am Boden, sucht er, bis er das von mir geworfene Aststück gefunden hat.

Wenn ich sehe, wie ich den Tollenden mobilisieren kann, hilft es mir auch Menschen für die Missionsarbeit zu motivieren. Da wende ich biblische Prinzipien an, die auch im Reich Gottes Geltung finden.

Jesus motivierte die Fischer mit einer göttlichen Vision und erklärte: „Ich will euch zu Menschenfischern machen." Augenblicklich verliessen sie ihre Netze und folgen Christus nach.

Immer wieder zeigte ich Jugendlichen, wo sie am Ende der Welt Menschen zu Jesus führen dürfen und ihren Beitrag zum Reich Gottes leisten können. Hunderte liessen sich so motivieren.

Jesus liess seine Nachfolger zu Erfolgserlebnissen kommen: Lahme gingen, Blinde sahen und Besessene wurden frei. Ich versuche, Missionsinteressierten auf dem Feld greifbare, gute Erlebnisse zu vermitteln.

Erst später erklärte Jesus seinen Jüngern, dass Opferbereitschaft, Hingabe und Verfolgung auch mit in die Jüngerschaft hineingehören. So rief er: „Sie verfolgen mich und werden es auch mit euch tun."

So ähnlich, wie ich unseren Langohrigen im Wissen um seine Jagdfähigkeiten aktivieren kann, lasse ich junge Missionare mit ihren Talenten, Begabungen und Kenntnissen im Reich Gottes arbeiten, und da sind sie wirkungsvoll.

Wenn Julius mit dem Aststück zu mir zurückkommt, lobe ich ihn und belohne ihn auch entsprechend, und das sollten wir auch im Reich Gottes tun.

> *Weitreichende Vision,*
> *Positive Erfahrungen machen,*
> *Eigene Talente benützen,*
> *Resultate messen*

Äusserst dankbar

Julius' Dankbarkei ist absolut umwerfend.

Wenn wir für kurze Zeit weg sind und nach Hause kommen, kennt seine Freude keine Grenzen. Er ist total aus dem Häuschen.

Jeden Morgen, wenn er aufwacht und mich mit seiner Nase identifiziert hat, will er aus Dankbarkeit meine Hand lecken. Dann geht er wedelnd zu Eliane und drückt seine Freude aus.

Sobald er sieht, dass ich ihn auf meinen Spaziergang mitnehme, bellt er laut vor Freude und Erwartung und steht vor der Türe, weil es jetzt ins Freie geht.

Wenn er gefressen hat und er die Ruhe und Harmonie im Haus geniesst, kommt er an meine Seite auf das Sofa und schmiegt sich aus Dank eng an mich an.

Oft legt er seinen Kopf an meine Brust, denn er will zeigen, dass er glücklich und zufrieden ist, und er will mir seine ausserordentliche Dankbarkeit zum Ausdruck bringen.

Für mich ist dies eine Herausforderung, auch meine Dankbarkeit meinem Meister und Herrn zu zeigen. Lobpreis und Anbetung sollen immer wieder ein Teil unserer Nachfolge Jesus sein.

Da danke ich Gott eben nicht nur für seine natürlichen Attribute, sondern auch für seine moralischen Charaktereigenschaften. Lasst es mich so sagen:

Ich besitze natürliche Fähigkeiten, die mir angeboren sind. Ich kann gut sprechen, das Geschäftliche liegt mir im Blut, und akzentfrei kann ich Sprachen sprechen. Aber all das habe ich in die Wiege mitbekommen.

Doch ich bin nicht der Zuvorkommendste und Netteste, den es gibt. Zur Freundlichkeit muss ich mich immer wieder entscheiden, und mit meiner kurzen Zündschnur kämpfe ich. Schliesslich kann mein Geduldsfaden allzu leicht reissen. In diesen Dingen muss ich mich immer wieder anstrengen und mir einen Schubser geben. Es kommt nicht natürlich, sondern ich **will** in diesen Dingen besser werden. Es ist eine moralische Entscheidung, die ich treffen muss.

Deshalb sollten wir Gott nicht nur für seine natürlichen Eigenschaften danken, sondern auch für seine moralischen Attribute.

Es ist seine Natur, majestätisch, unüberwindbar, kraftvoll, herrlich, unbeschreiblich weise und intelligent zu sein. Ich danke Gott für seine unendliche Kreativität, Schönheit und Innovation. Er ist Jehovah Shalom. Friede und Harmonie sind Teil seiner Persönlichkeit.

Preis sei dir, oh Herr, für deine natürlichen Fähigkeiten!

Aber daneben hat er sich willentlich entschieden, sanftmütig, geduldig und langmütig zu sein. Er **will** liebevoll handeln, nicht nachtragend, vergebend, grosszügig und gnädig sein. Er hat sich dazu entschieden, uns ins Leben zu rufen und ein fantastisches Erbe für uns zu planen. Das sind seine moralischen Entscheidungen, und das macht ihn noch viel wertvoller und kostbarer.

Nimm innigen Dank, oh Gott, für all das, wozu du dich ent-schieden hast!

„Wer Dank opfert, der preiset mich, und das ist der Weg, den ich ich ihm zeigen werde." Psalm 50:23

Wenn ich die Dankbarkeit von Julius erlebe, werde ich immer wieder neu zur Dankbarket gegenüber Gott motiviert.

> *Gott ist das Wertvollste im Universum und muss unsere Priorität haben*

Warten

Unser Vierbeiner muss immer wieder neu lernen zu warten. Wenn ich einen Tag weg bin, kann er stundenlang ausharren an der Tür, bis ich zurückkehre.

Frühmorgens, wenn Eliane und ich noch schlafen, muss er warten, bis wir aufwachen. Erst wenn wir wach sind, kann er zu uns kommen und „Guten Tag" sagen.

Wenn wir einkaufen, muss er geduldig im Auto sitzen, bis wir unsere Einkäufe getätigt haben.

Normalerweise will er um 18 Uhr sein Fressen, aber wenn wir weg sind und später heimkehren, muss er eben geduldig im Haus verweilen. Für ein Energiebündel, wie er es ist, bedeutet warten etwas Schweres.

Aber auch ich, der ich schon etwas energiegeladen bin, bin nicht fürs Warten geschaffen. Durch Julius habe ich darin allerdings Fortschritte erzielt. Ich habe gelernt, einfach dort treu zu sein, wo Gott mich hingestellt hat. Schliesslich ist er ja nicht auf mich angewiesen. Von Gott zugewiesene Wartezeiten demonstrierten nicht nur SEINE Treue, sondern auch die Tatsache, dass er seinen eigenen Fahrplan hat.

Phlegmatische, langsame und sich ruhig zurücklehnende Personen haben kein Problem wenn Gott sie auf ein Tablar zur Seite stellt. Ich aber will schnell vom Abstellbrett springen und loslegen. Energiegeladene können nicht verstehen, wie Gott den Propheten Elia während drei Jahren für einen einzigen Tag des Dienstes auf dem Karmel vorbereitete.

Warten bedeutet für uns Zeitverschwendung. Dann fragen wir uns, ob uns Gott vergessen hat und ob wir nicht mehr in sein Programm passen. Leute wie ich, die dynamische Aktionen mögen, werden dort lebendig, wo etwas los ist. Wenn es nichts zu tun gibt, nage ich an meinen Fingernägeln und raufe mir die Haare aus. (Ich habe nur noch wenige).

Doch Gott sei Dank, dass der Apostel Paulus manchmal im Gefängnis warten musste und deshalb Zeit zum Schreiben hatte. Ohne sein Warten hätten wir keine Briefe aus dem Gefängnis.

Ja, aber dann gibt es auch Jahreszeiten in unserem Leben: Manchmal nahm mich Gott zur Seite, damit ich Zeit zum Schreiben hatte.

Leute meiner Art können heldenhaft, sichtbar und draufgängerisch in einer aktiven Situation wirken. Aber es scheint mir, dass wir auch lernen müssen, in Ruhe treu auszuführen, was er von uns an dem Ort verlangt, wo er uns über längere Zeit hingestellt hat.

Unser himmlischer Meister will, dass wir tägliche Pflichten erledigen, ohne gesehen und geehrt zu werden.

Mögen wir es doch lernen, den richtigen Zeitpunkt abzuwarten. **Jakob** arbeitete 14 Jahre, bis er seine Frau bekam. Wenn wir wirklich etwas wollen, können wir ja warten!

Josef musste Jahre warten, bis er aus dem Gefängnis in den Palast kam.

Moses war achtzigjährig, als er mit dem Volk ausziehen konnte.

Ruth wartete ziemlich lange, bis Gott alles mit Boas geregelt hatte.

Deshalb schreibt Paulus auch in Kolosser 1:10-11: **„Geduld tut euch not, liebe Brüder, Geduld."**

Eifersüchtig

Es ist tatsächlich amüsant: Wenn ich meine Frau umarme und ihr einen Kuss gebe, schaut uns der Kleine an und beginnt zu bellen. Er wird derart eifersüchtig, dass er sich zwischen uns zwängt. (Er denkt, dass er auch jemand ist und unsere Aufmerksamkeit beansprucht.)

Wenn das Telefon läutet und wir lange mit jemandem sprechen, kommt er und macht sich klar bemerkbar, denn er will nicht vergessen werden.

Und wir? Werden wir auch von einer heiligen Eifersucht gepackt, wenn Christus lächerlich gemacht wird oder nicht die richtige Anerkennung erhält? Bekennen wir Jesus vor den Menschen, damit er uns einmal auch vor dem Vater im Himmel bekennen kann? Wie wir doch alle eine heilige Eifersucht für Gott, seine Wege und sein Tun an den Tag legen sollten!

Aber umgekehrt ist auch unser Vater ein eifersüchtiger Gott. Nichts darf zwischen ihn und uns kommen. Das ist auch der Grund, warum Jesus den Petrus am Seeufer dreimal fragte: „Liebst du mich wirklich? Bist du mir wirklich ergeben? Hast du vollkommenes Vertrauen in mich?"

Wenn wir wirklich dem lebendigen Christus dienen wollen, müssen wir unsere Beziehung mit unserem Meister überdenken. Ernähren wir uns von allerhand weltlichen Quellen? Woher schöpfen wir unsere emotionale, moralische und spirituelle Kraft? Suchen wir wirklich **IHN** für Erneuerung unseres Glaubens, neuer Frische, dynamischer Hoffnung und Zuversicht?

Im Umgang mit Julius lerne ich, dass Gott nur jenen vertrauen kann, die ihm vertrauen. Er gibt sich jenen hin, die sich ihm total ausgeliefert haben. Dann nämlich werden nicht nur wir selber erfrischt, sondern auch die Menschen um uns herum.

Das Gegenteil

Es ist erstaunlich wie unser Wächter überhaupt nicht nachtragend ist. Nie ist er richtig sauer. Wenn er mitten im Tag etwas zu fressen will und ich es ihm aber nicht gebe, ist er nicht verschnupft. Er bellt nicht und schnappt nicht wütend nach mir. Nein, ruhig und zufrieden legt er sich zu meinen Füssen.

Auch in der Bibel lese ich von König **David,** dass er nicht sauer war auf Gott, der ihm nicht erlaubte den Tempel zu bauen. Ganz im Gegenteil: Er spendet aus seiner eigenen Tasche ca. drei Milliarden € zum Bau des Hauses Gottes, das sein Sohn in Angriff nehmen wird.

Als **Jehoram,** der jüdische König, die ganze feindliche Armee in Samarien einschloss, nahm er sie nicht gefangen und tötete sie auch nicht. Nein, ganz im Gegenteil: Er tischte allen ein gutes Essen auf und entliess sie freundlich aus seiner Hauptstadt. Als Resultat griffen sie ihn nie wieder an in seinem ganzen Leben.

Wenn ich Julius zurechtweise und ihm gelegentlich eines mit einer gefalteten Zeitung auswische, fletscht er nicht mit seinen Zähnen und knurrt auch nicht. Auf die freundlichste Art kommt er zu mir zurück und schaut mich mit seinen grossen, braunen Augen fragend an: „Wann gehen wir zusammen spazieren?"

Da will ich von Jesus lernen: Er heilte den Soldaten von Kaiphas, der gekommen war, um ihn festzunehmen. Schliesslich betete er: „Vater vergib ihnen, denn sie wissen nicht, was sie tun."

Rächen wir uns also nicht, sondern verhalten uns gegenteilig. Das allerdings ist gegen unsere Natur, aber es ist der biblische Weg.

Schliesslich heisst es in Römer 12:21 „Lass dich nicht vom Bösen besiegen, sondern besiege das Böse mit Gutem."

Ausdauer

Julius besitzt enorme Ausdauer. Wenn er etwas unbedingt will, dann bleibt er zielbewusst dran, bis er hat, wovon er träumt.

Da ist es z.B. fünf Uhr morgens. Ich kann nicht mehr schlafen und stehe auf, um mir in der Küche eine Tasse Tee zu brauen.

Augenblicklich befindet er sich zwischen meinen Füssen und bettelt um sein Fressen. Das allerdings erhält er um neun Uhr, aber nicht schon um fünf. Also schenke ich ihm keine Beachtung. Aber nein, er wedelt so lange um meine Beine, bis ich schier über ihn stolpere. Dann beginnt er zu bellen und sagt damit: „Ich will jetzt etwas zwischen meine Zähne". Er geht nicht von meiner Seite, bis ich ihm etwas gebe.

Eine solche Art von Ausdauer sollen wir auch bei Gott an den Tag legen. Die Bibel sagt doch: „Ihr habt nicht, weil ihr nicht darum bittet." Tatsächlich ist es doch so: „Das Reich Gottes leidet Gewalt, und und die Gewalttätigen reissen es an sich."

Ich will bei Jesus anklopfen, und schliesslich wird er mir auftun.

Überraschend wie **Noah** während 100 Jahren genügend Ausdauer zeigte, bis die Arche fertig war. (Nebenbei: Wenn Leute dir sagen, dass du deine Sache nicht so richtig professionell machst, dann erkläre ihnen: „Professionelle bauten die Titanic, Laien bauten die Arche.")

Josua und Kaleb harrten 40 Jahre aus in der Wüste, bevor sie ins verheissene Land kamen. Tag für Tag mussten sie das Murren des Volkes mithören, doch mit viel Ausdauer blieben sie dran.

David musste während Jahren warten, bis er auf den Thron kam. Doch mit viel Zähigkeit schrieb er während dieser Zeit Psalmen, und entwickelte seine Fähigkeiten, die er schliesslich zum Regieren brauchte.

Elisa hängte sich derart an Elia, denn er wusste, wenn er die Himmelfahrt seines Meisters sehen konnte, würde er das doppelte Mass an Salbung von Gott erhalten. (Er tat denn auch das doppelte an Wundern wie Elia.)

Ausdauer und Zähigkeit muss Teil unserer Jüngerschaft sein, denn wir haben die Hand an den Pflug gelegt und wollen nicht zurück schauen.

Toleranz

Beim Betrachten der Toleranz meines Hundes, frage ich mich ehrlich, wie weit meine Toleranzgrenze im Umgang mit anderen Menschen reicht.

Wenn der Fresssack sein Essen bekommt, verschwindet sein halber Kopf im Napf. Oft gesellt sich unsere Katze dazu und zwängt ihren Kopf auch noch in den Teller. Aber für Julius ist das absolut kein Problem. Grosszügig lässt er zu, dass ein Teil seines Abendbrotes an die Katze geht.

Er hat ja, wie schon erwähnt, sein eigenes Körbchen, in dem er nachts schläft. Es wird Abend, und er schickt sich an, sich zur Ruhe zu legen. Aber manchmal rennt die Katze, so schnell sie kann, zuerst in sein Körbchen, und er hat das Nachsehen. Nun kommt er, schaut sich die Situation an und legt sich dann einfach auf den Teppich gleich nebenan und schläft ein. Ohne Widerwillen akzeptiert er den Sieg des Schnelleren.

Und wie hielt ich es früher mit der Toleranz? Wütend haute ich auf den Tisch und verlangte meine Rechte. Keine Toleranz meinerseits. Als Kind durfte niemand mit meinen Spielsachen spielen. Aber Gott ist am Wirken in meinem Leben. Noch bin ich am Lernen, aber es wird zusehends besser. Jetzt dürfen Freunde ohne weiteres mein Auto ausleihen, und mein Haus können sie auch benutzen, wenn Eliane und ich verreisen.

Als ich in einer Stadt mein Auto abstellte, stiess ein anderer Parker nicht nur leicht mit meinem Fahrzeug zusammen, sondern verursachte auch einen ganz kleinen Schaden. Der Fahrer stieg aus, entschuldigte sich sehr und fragte, was er mir schuldig sei. Mit einer freundlichen Geste erklärte ich ihm es sei sich nicht der Rede wert. „Haben Sie einen schönen Tag. Das hätte mir auch passieren können. Dann wäre ich auch froh, wenn der Geschädigte mir gegenüber tolerant wäre", versicherte ich ihm.

Schliesslich will ich anderen so begegnen, wie die Bibel sagt: „Behandelt andere so, wie auch ihr selbst behandelt werden wollt."

Wenn ich Julius' Toleranz beobachte, werde ich motiviert, meine Grenze etwas weiter zu ziehen, denn die Bibel sagt in Sprüche 19:11; „Wenn ein Mensch einsichtig ist, ist er auch langmütig. Es ist ihm eine Freude, Unrecht gegen ihn zu übersehen."

Verunreinigungen beseitigen

Wenn unser Jäger durch den Wald gestreift ist und wir nach Hause zurückkehren, muss ich ihn von allerhand Verunreinigungen befreien. Da finde ich kleine Knötchen von Kletten (von ihnen gab es den zündeten Funken zur Herstellung von Velcrow), die sich in seinen langen Ohren festgesetzt haben. Feine Zweiglein hängen in seinem Fell. Dann gibt es da einige Zecken, die sich an ihm festsaugen wollen. Ab und zu findet man einen kleinen Dorn in seiner Pfote, und durch das Bürsten kann ich den angesammelten Staub von seinem Fell entfernen.

Er realisiert eigentlich nicht, was sich da alles angesammelt hat, aber Eliane und ich sehen das und bringen es in Ordnung.

Ich denke, Moses hat auch nicht alles erkannt, was sich in den Sohlen seiner Schuhe die ganzen Jahre hindurch festgesetzt hatte. Als Gott ihn anwies, seine Schuhe auszuziehen, dachte Gott nicht nur an das, was Moses geleistet hatte und was dieser ausserordentlich schätzte.

Vermutlich hatte er das Leder seiner Schuhe selber gegerbt, die Sandalen eigenhändig genäht und war stolz auf seine hervorragende Leistung. Zudem hatte er diese, seine Schlappen, im heissen Wüstensand absolut nötig. Ohne diese konnte er nicht existieren. Aber was Gott offensichtlich wirklich wollte, war, dass er auch die eingetretenen Verunreinigungen in seinen Schuhsohlen auf die Seite legte. „Welche Verunreinigungen?"..., fragen wir uns.

Moses besass einen Minderwertigkeitskomplex wegen seinem Sprachfehler, den er in die Wiege bekommen hatte. (Ich kann nicht gut reden)

Vermutlich hatte er sich selber auch nie richtig vergeben, dass er den Ägypter umgelegt hatte. Und den Juden, der ihn bei Pharao angeschwärzt hatte, mochte er überhaupt nicht.

Und wie sehr litt er an Selbstmitleid, weil er seinen Bruder Aaron und sein Schwester Mirjam seit Jahren nicht mehr gesehen hatte!

Zudem hatte er die Nase voll vom Schafe hüten, und intellektuell kam er nicht auf seine Rechnung.

Aber ein grosser „Dorn in seinen Sohlen" war natürlich, dass er seiner Frau mehr Gehör schenkte als Gott: Sein Sohn Gersom war nie beschnitten worden, weil Zipporah es ihm verboten hatte. (Auf seinem Weg nach Ägypten wollte Gott ihn wegen diesem Ungehorsam töten.)

Da fragen wir uns, welche spitzen Steine und Dornen sich wohl auch bei uns eingegraben haben. Gott möchte diese auch bei uns beseitigen.

Erträgt Unangenehmes

Soeben hatte unser Springer seinen Spaziergang. Jeder Moment war für ihn ein Vergnügen, und so fahren wir im Auto zum Einkaufszentrum. Ich sage ihm klipp und klar, dass er jetzt im Auto warten muss. Aber das mag er absolut nicht. Er ist immer noch auf seinen Waldlauf programmiert, und für ein Energiebündel wie er ist warten eine Tortur.

Aber unser Leben besteht aus Vergnüglichem und weniger Angenehmem. Nichts bleibt immer gleich. Gott wechselt zwischen Freud und Leid für uns ab. Je nachdem, was wir für unser Glaubenswachstum nötig haben. Da sind wir manchmal selber überrascht: Müssen wir Prüfungen durchstehen, fragen wir uns gelegentlich, ob uns denn Gott verlassen hat. Wenn es dann wieder gut geht, können wir es kaum glauben.

Auch im Psalm 30 hat der Schreiber seine Höhen und Tiefen.

„Herr ich will dich hoch preisen; denn du hast mich aus der Tiefe gezogen. Meine Feinde können nicht mehr über mich lachen. Herr, mein Gott, ich rufe zu dir. Du hast mir Heilung geschenkt. Du hast mich dem Totenreich entrissen und mich dem Leben zu-rückgeschenkt, du hast mich aus der Schar derer, die ins Totenreich sinken, zurückgeholt.

Singt dem Herrn, alle, die ihr Gott fürchtet, sagt Dank seinem heiligen Namen! Ganz plötzlich war sein Zorn vorbei, das ganze Leben lang gilt seine Gnade. Am Abend musste ich noch weinen, am nächsten Morgen konnte ich nur jubeln.

Ich meinte, als es mir gut ging, mir könnte nichts mehr zustossen. Du aber warst mir gnädig, du hast mich festgehalten. Ich war erschüttert, als du dein Angesicht verbargst.

Du hast mir meine Klage in Freude verwandelt, du hast mir das Trauerkleid ausgezogen, du hast mich mit Freude umgürtet, nun will ich dir lobsingen. Ich kann nicht stumm bleiben. Herr, mein Gott, für immer will ich dich preisen!"

Da ist Hebr. 5:3 so wahr: „Wir können uns sogar in unseren Trübsalen rühmen, weil wir die Gewissheit haben: Trübsal wirkt Geduld, Geduld führt zur Bewährung. Bewährung aber stärkt die Hoffnung."

Übung

Wenn Hunde nicht immer wieder das Gleiche üben, vergessen sie, was sie gelernt haben. Deshalb wiederhole ich mit Julius immer wieder, was ich ihm beigebracht habe. Wenn ich mit ihm spaziere, sage ich ihm plötzlich: "Sitz!". So setzt er sich mitten auf den Fusspfad und bleibt, bis ich rufe.

Wenn ich ihn durch unser Wohnquartier führe, muss er natürlich seinen Darm entleeren. Aber ich habe ihm beigebracht, dass er das nicht im Rasen meines Nachbarn machen darf, sondern nur im Feld des Bauern, (wo es dann zugleich gute Düngung ist). Wir haben ihm verboten, aus dem Katzenteller zu fressen, wenn wir unsere Katze füttern.

Aber nur durch immer wiederholte Übung begreift er dies alles.

Da muss ich an mein eigenes Leben denken: Es gab für mich eine Zeit im Rollstuhl. Ich war fast total gelähmt. Doch nachdem ich an der Wirbelsäule operiert worden war, musste ich wieder lernen zu gehen. Immer wiederkehrende Übung brachte das gewünschte Resultat, und heute kann ich mich wieder mühelos bewegen.

Und so ist es auch mit unserem Wandel mit Jesus Christus. Wir müssen in der Übung bleiben.

Dienen ist nicht meine grösste Stärke, aber ich übe mich immer und immer wieder darin und so fällt es mir immer leichter und gehört zunehmend mehr zu meiner Natur.

Wenn du nicht gut öffentlich Lobpreisen kannst, tust du es vermutlich auch privat nicht oft. Praktiziere es für dich selbst, und es wird dir in der Öffentlichkeit viel leichter fallen.

Eliane sagt mir, dass ich nicht der freundlichste und zuvorkommendste Typ sei. Also muss ich mich in meinem diesbezüglichen Benehmen immer wieder üben, bis es zur Selbstverständlichkeit wird.

Danksagung ist ein Bestandteil meiner Jesusnachfolge. Immer wieder danke ich Gott und anderen Menschen, und natürlich auch meiner Frau für das, was sie sind und tun. Ich übe es häufig.

Gastfreundschaft und ein offenes Haus sind uns als Ehepaar sehr wichtig. Aber wir müssen uns darin immer wieder von neuem üben, denn auch wir neigen dazu, nur für uns selbst zu leben.

Praktiziere immer und immer wieder, was Gott in deinem Leben unterstreicht.

Wasser

Unser Jäger mag Wasser derart, dass er immer wieder taucht, wenn wir einen See entlang schlendern. Im Sommer können wir bei keinem Brunnen vorbeigehen (jedes Dorf im Gebiet, wo wir wohnen, hat einen oder zwei) ohne dass er hineinspringt.

Nun waren wir in den Bergen und stiegen eine steilen Pfad hoch, der einen Bergbach entlang führt. Wild schäumend schoss das Wasser über Felsblöcke talwärts und schob Geröll vor sich her. Ein wunderschönes, aber gefährliches Schauspiel.

Als wir um eine Ecke bogen und zu einer Stelle kamen, wo das Wasser etwas ruhiger floss, sprang Julius sofort in hohem Bogen in den Bach. Doch die Strömung war für ihn zu stark, und innert Sekunden wurde er wie Treibholz über Felsblöcke weggeschwemmt.

Der Bach war derart wild, dass meine Frau und ich sicher waren, dass dies nun das Ende unseres Haustieres bedeutete. Schnell machten wir uns auf, um den toten Kadaver zu suchen. Doch plötzlich entdeckten wir den Nassen auf der andern Flussseite. Er schüttelte gerade das Wasser aus dem Fell und begann, wie wild zu bellen, was wir wegen des schäumenden Wassers kaum hören konnten. Wir trauten unseren Augen nicht!

Auf keinen Fall wagte er nun aber, zu uns zu kommen. So stiegen wir wieder auf, bis wir nach dem Überqueren einer Brücke auf seiner Seite absteigen konnten. Glücklich nahmen wir ihn schliesslich an die Leine.

Manchmal ergeht es uns selbst auch so. Wir geraten in eine Situation, ohne dass wir wissen wie gefährlich und schwierig die Umstände sind. Wir werden weggeschwemmt, aber irgendwie überleben wir. Ja, die Bibel sagt: *Der Gerechte fällt siebenmal, aber er steht immer wieder auf.*

Gelegentlich wusste ich wirklich nicht, wie ich gewissen Umständen entkommen konnte. Doch Gott sagt uns in Psalm 37:24: *Der Gerechte stolpert, aber fällt nicht hin, denn der Herr hält ihn mit seiner Rechten.*

Also sei ermutigt. Gott verheisst in Jeremia 43:2: *Wenn du durchs Wasser gehst bin ich bei dir; wenn du durch Ströme hindurch musst, werden sie dich nicht fortreissen.*

Gestraft

Unser Liebling weiss genau, was er darf und was ihm verboten ist. Nie, auch gar nie war ihm erlaubt, etwas Essbares vom Tisch zu schnappen, auch dann nicht wenn niemand im Haus ist.

Wenn wir vom kleinen Fussweg auf die Hauptstrasse einbiegen, muss er stehen bleiben und warten, bis ich ihn an die Leine genommen habe. Ich will ja nicht, dass er von einem Auto überfahren wird.

So wie ich ihm Grenzen setze, macht es auch Gott mit uns. Ja, seine Gesetze sind für unser Wohl von ihm gemacht. Doch oft muss er sie uns neu beibringen oder uns zurechtweisen, damit wir schön auf der Zielgeraden bleiben.

Desgleichen ist es bei unserem Hund. Da gibt es Augenblicke, wo er gestraft werden muss. Unter Umständen kann sein Verhalten unser Verhältnis zueinander stören.

Dann muss ich ihn korrigieren oder auch strafen damit wir beide gegenseitig wieder im Lot sind. Das ist weder für mich noch für ihn angenehm.

Sein verstecktes Verlangen, etwas für sich zu nehmen, wenn die Katze gefüttert wird, kann ich manchmal direkt erahnen, und dann muss ich eingreifen. Wenn er vom niedrigen Salontischchen einmal doch ein Stück Schokolade erwischt, muss ich ihm mit einer gefalteten Zeitung eins auswischen.

Die Strafe, die Gott mit Liebe ausübt, bringt mir und ihm Traurigkeit. Natürlich möchten wir der Strafe ausweichen. Wir möchten am liebsten unsere Übertretung vergessen und denken, dass mit der Zeit alles vergessen wird. Wie oft wollen wir den Schmutz unter den Teppich kehren!

Doch echte Liebe verlangt nach Zurechtweisung. Wenn es uns ernst ist mit der Nachfolge, müssen wir bereit sein, Korrektur anzunehmen. Wollen wir weiterkommen, müssen wir auch Schmerzen ertragen. Nur auf diese Weise lernen wir die für uns absolut wichtigen Lektionen.

> *Ohne Korrektur kommen wir nicht weiter*

Voller Erwartung

Wenn unser Energiebündel beobachtet, wie ich meine Schuhe anziehe und zu meiner Jacke greife, beginnt der Kerl zu wedeln und bellt. Schnell geht er zur Tür und weiss, dass wir spazieren gehen. Er steht voller Erwartung in den Startlöchern. Ein Höhepunkt in seinem täglichen Rhythmus. Wie packend!

Wenn ich seinen Enthusiasmus und seine Erregung sehe, frage ich mich, ob ich auch so enthusiastisch und voller Erwartung Gott gegenüber bin. Wie verrichte ich meine Arbeit für ihn?

Seufzen wir an gewissen Tagen nicht schon im Bett: „Ach du liebe Zeit, wieder ein solcher Tag! Ich wünschte, er wäre schon vorbei."

Dann erinnere ich mich an das „Unser Vater", wo es heisst: „Dein Wille geschehe auf Erden wie im Himmel."

Sicher, die Engel im Himmel tun den Willen Gottes enthusiastisch, wirkungsvoll und augenblicklich. Dann bete ich:

„Hilf mir Gott, deinen Willen hier auf Erden in gleicher Weise zu tun, wie es die Engel im Himmel machen." So geht mir meine Arbeit viel leichter von der Hand.

Wenn ich sehe, wie Julius mich anschaut und jede weitere meiner Bewegungen erwartungsvoll beobachtet, werde ich an Psalm 123:2 erinnert, wo es heisst:

„Wie die Augen der Knechte sich nach der Hand ihrer Gebieter richten, wie die Augen der Magd nach der Hand ihrer Herrin schauen, so wenden sich unsere Augen hin zu dem Herrn, unserem Gott, bis er sich unser erbarmt."

Christen sind immer wieder voller Erwartung

Weinen

Es war ein langer Tag, und ich kehre etwas später als gewöhnlich nach Hause zurück. Der Bellende hat noch nichts gefressen, hat Hunger und gibt Laute von sich, die tönen, als ob er weine.

(Hunde ertragen es nicht, lang ohne Nahrung zu sein, sie sterben relativ schnell, wenn es nichts zu essen gibt.)

Aber sein Weinen ist absolut unnötig, denn ich habe ihn nicht vergessen, und im Schrank gibt's genügend Hundenahrung. „Also komm, kleiner Kerl, hör auf, dich zu beschweren. Ich bereite dir dein Essen jetzt zu, es kommt jeden Augenblick."

Oft verhalten wir uns Menschen genau gleich. Wir beschweren und sorgen uns und weinen oft unnötig, gleich wie Maria Magdalena am Ostermorgen.

Zuerst macht sie sich unnötig Sorgen: „Wer wird uns den Stein wegrollen?" Doch bei ihrer Ankunft findet sie das Grab offen. Also warum sich zum Voraus den Kopf zerbrechen über eine Situation, wenn diese doch viel besser ist, als wir erahnen können?

Am Grab dann beginnt sie zu weinen. „Sie haben meinen Herrn weggenommen, und ich weiss nicht, wohin sie ihn gebracht haben." Es ist absolut unnötig, dass sie weint. Natürlich hat sie die Verheissungen Jesu, dass er auferstehen werde, nicht begriffen.

Auch den Engeln ist es unerklärlich warum sie weint.

Matthäus 6:25 weist uns klar an, dass wir uns keine Sorgen machen sollten. Vielmehr sollten wir die Vögel beobachten, die nicht säen noch ernten, aber ausschliesslich vom himmlischen Vater versorgt werden.

Also schöpfe Mut und habe Hoffnung. Gott hat einen wunderbaren Plan für dich und die Lösung deines Problems kommt gleich. Jesus hat alles im Griff und gibt dir was du nötig hast.

> *Unser unnötiges Weinen, überrascht sogar die Engel*

Zeitverständnis

Hunde haben absolut kein Zeitgefühl.

Ich kann während zwei Wochen in Afrika weilen, und wenn ich nach Hause zurückkehre, begrüsst mich unser Kleiner auf die gleiche Weise, wie wenn ich für eine Stunde aus dem Haus gegangen bin. Enthusiastisch, freudig, bellend, umherhüpfend, wedelnd.

Wenn Eliane und ich auf Missionsreise gehen und Julius für eine Woche ins Hundeheim geben, machen wir uns also keine Sorgen. Er weiss ja bei unserer Rückkehr überhaupt nicht, ob wir einen Tag oder eine Woche weg gewesen sind.

Manchmal frage ich mich, welches Zeitverständnis wir in der Sache Gottes aufweisen.

Wir leben in einer solch rasanten Sofort - Gesellschaft. Instant Kaffee, 5-Minuten Suppe, Schnellgerichte, augenblickliche Kommunikation durchs Internet, Kurznachnachrichten. Aber Gott hat einen ganz anderen Fahrplan.

Während den ersten 40 Jahren lernte Moses, dass er jemand war. Die zweiten 40 Jahre entdeckte er, dass er niemand war. In den letzten 40 Jahre wurde ihm klar, dass Gott das Wichtigste ist.

Hilf mir Herr Jesus Christus, mehr von deinem Zeitplan zu verstehen und geduldig nach deinem Fahrplan zu fahren.

Tausend unserer Jahre sind für Gott wie ein Tag

Ein feines Gespür

Immer wieder verreise ich nach Afrika, um missionarisch tätig zu sein. Also treffe ich entsprechende Vorbereitungen. Doch es ist immer wieder überraschend: Julius spürt, dass ich bald weggehe, und während des ganzen Tages vor der Abreise weicht er nicht von meiner Seite:

Steige ich ins Untergeschoss hinab, geht er die Treppe hinunter und legt sich zwischen meine Füsse.

Setze ich mich im Wohnzimmer aufs Sofa und lese die letzte Post, setzt sich Julius neben mich.

Nun gehe ich zum Auto, um noch die letzten Bankgeschäfte zu tätigen. Er kommt mit mir in die Garage und steigt auch in den Wagen.

Er ist wirklich zu meinem Schatten geworden. Wo ich stehe, steht auch er. Wo ich sitze, da sitzt auch er. Er ist tatsächlich zum „EIN-Mann Hund" geworden. Welche Hingabe! Diese Art von Gemeinschaft will auch ich mit Jesus.

Wenn ich sehe, welch feines Gespür unser Langohr hat und wie es tatsächlich ahnt, was im Kommen ist, frage ich mich, wie es mit meinem Feingefühl gegenüber dem Heiligen Geist ist. Da hat meine Frau doch wesentlich mehr Intuition. Sie kann sagen „Ich spüre, dass..." Nun, ich spüre überhaupt nichts.

Doch Tiere besitzen geradezu einen sechsten Sinn. Unsere Verwandten erzählten uns folgende Geschichte:

> Bauersleute besassen ein Katze die im Haus ein und aus ging. Eines Tages legten sie sich einen Hund zu, und die Katze war derart verschnupft, weil sie eben jetzt nicht mehr alleinige Herrin im Haus war, dass sie während drei Tagen verschwand.
> Schliesslich kam sie zurück, ging aber nie mehr ins Haus. Draussen vor der Tür wollte sie verpflegt werden, aber nie mehr in der Familie. Doch der Hund entwickelte eine unheilbare Krankheit, und der Tierarzt erklärte, dass dieses Tier in einigen Monaten eingeschläfert werden müsse. Wochen vergingen, und eines Tages beschloss die Familie: „Morgen bringen wir den Hund dem Tierarzt zur Einschläferung."

An jenem Abend kam die Katze zum ersten Mal nach Monaten wieder ins Haus und legte sich mit dem Hund zusammen ins gleiche Körbchen zum Schlafen.

Welch ein Gespür doch Tiere haben können! Julius verleiht mir den spezifischen Eindruck, dass wir die besten Freunde sind. Ich weiss nicht, inwieweit es unserem Spaniel möglich ist, seine Dankbarkeit für unser Zusammensein auszudrücken. Doch immer wieder will er zeigen, dass unsere Gemeinschaft das Höchste seiner Gefühle ist.

Das ist mir natürlich eine Ehre und verlangt Ver-antwortung von mir. Seine Glückseligkeit liegt in meinen Händen. Ja, sein Vertrauen in mich basiert auf meiner richtigen Haltung ihm gegenüber.

Ursprünglich ging er mir ja aus dem Weg, doch nach und nach wurden wir zu unzertrennlichen Freunden.

Das stimmt mich nachdenklich. Wächst meine Liebe zu Christus auch ständig? Ist mir SEINE Gegenwart auch das Allerwichtigste im Leben? Besitze ich auch ein äusserst gutes Gespür für die Gegenwart Gottes und seine Nähe?

Schliesslich ist Gott das Kostbarste und das Wichtigste im Universum, und deshalb muss alles andere zweitrangig sein.

Findet nach Hause

In all den Jahren wusste unser Reinrassiger immer, wo seine Bleibe ist. Da konnte er einen halben Tag irgendwo weg sein, aber immer fand er wieder nach Hause.

Eines Tages las ich doch die Geschichte einer Familie auf dem Balkan: Während des Krieges mussten sie fliehen und ihren Hund zurücklassen. 500 km weiter entfernt hatten sie sich niedergelassen, als nach einigen Monaten plötzlich ihr Hund vor der Tür stand. Abgemagert und total ausgemergelt hatte er seine Familie wieder gefunden.

Wenn unser Kleiner während ein oder zwei Stunden verschwunden ist, steht er urplötzlich wieder vor der Tür und bellt um Einlass. Vermutlich sagt er: „Ich bin wieder da. Wie kann ich euch zur Verfügung stehen?" Dann legt er sich zwischen meine Füße, glücklich und zufrieden. Er weiss, wir sind froh, dass er wieder bei uns ist.

Jesus sagt auch, dass niemand größere Liebe hat, als wenn er sein Leben für einen Freund hingibt. Das bedeutet, dass wir die Interessen und Wünsche anderer hinter die unsrigen stellen.

Mit anderen Worten, Christus gehorchen und seine Anweisungen befolgen ist viel wichtiger, als uns selbst zu verwirklichen.

In unserer selbstsüchtigen Gesellschaft, wo jeder nur nach seinen eigenen Interessen schaut, ist der Ruf, Christus zu folgen und sich selbst zu verleugnen, nicht mehr populär.

Ja, eigentlich ist es nicht in unserer Natur, Gott zu lieben und und unseren Nächsten wie uns selbst. Grundsätzlich sind wir alle egoistisch und machen, was wir wollen. Dienen ist uns fremd, und wenn wir uns für etwas Gutes hingeben sollen, denken wir, dass wir ausgenützt werden. Doch Christus zeigte uns Opferbereitschaft und diente den Jüngern auch, indem er ihnen das Frühstück zubereitete.

Während Jahren schon habe ich Julius zur Verfügung gestanden: Zeit und Aufmerksamkeit habe ich ihm geschenkt, ihn gepflegt, ihm Sicherheit gegeben und ihn mit Nahrung versorgt. Er konnte meine Freundschaft spüren.

Von ihm kamen Enthusiasmus, Zuneigung, Unterhaltung und Freundschaft. Immer wusste er, wo er etwas geben konnte und wo er zu Hause war.

Wenn er nach stundenlangem Vagabundieren zurück an unsere Tür kommt, schreie ich ihn nicht an, sondern begegne ihm, wie der Vater den Verlorenen Sohn in der Bibel empfing.

Wissen wir eigentlich auch, wo wir hingehören? Die Bibel sagt, dass Gott Ewigkeit in unser Herz gelegt hat und wir geschaffen sind, für immer bei Christus zu sein.

> *Wir haben hier keine bleibende Stadt, sondern die zukünftige suchen wir*

Richtige Geschwindigkeit

Ich mag es am besten, wenn dieses Haustier brav neben mir her trottet. Doch manchmal rennt Julius weit voraus, bis ich ihn überhaupt nicht mehr sehe.

Oder dann schlendert her weit hinter mir her, dass ich auf ihn warten muss. Immer und immer wieder versuche ich ihm beizubringen, schön an meiner Seite sich meinem Tempo anzupassen. Manchmal klappt es und manchmal auch nicht.

Dann verstehe ich, warum Gott auch zu Abraham sagt:

„Wandle mit mir! Also eile mir nicht voraus, wie du das mit Ismael getan hast. Du konntest einfach nicht auf Isaak warten und wolltest dir selber helfen. Dann solltest du auch nicht hinterher trödeln, wie du das beim Wegzug aus Ur getan hast.

Du hast deine ganze Sippe mit nach Haran (heutige Türkei) genommen, wo du jahrelang gewohnt hast, bevor du endlich hierher ins verheissene Land kamst. Komm Abraham, leg deine Hand in die meine, denn ich habe die richtige Geschwindigkeit für dich. Wandle mit mir, wir wollen zusammen gehen!"

Manchmal rannte ich Gott weit voraus, war in gewissen Dingen viel zu schnell und fiel auf die Nase. Anderseits fragt mich manchmal Eliane: „Hast du dies oder jenes getan? Hast du das andere Geplante endlich organisiert?" Dann merke ich, dass ich es aufgeschoben habe.

Nun, da Julius etwas älter geworden ist, hat er es mehr und mehr gelernt, an meiner Seite zu gehen. Auch ich will mit Jesus in der richtigen Geschwindigkeit gehen. Er lässt uns seine Gegenwart neben uns spüren. Sanft kommt er an unsere Seite, wie bei den zwei Emmaus Jüngern, die er unterrichtete.

Ohne Zweifel will er mit uns gehen und mit uns reden, uns instruieren und uns sagen, dass wir IHM gehören.

Reinigung

Ach du liebe Zeit, ist dieser Hund aber schmutzig! Normalerweise ist er schneeweiss mit einigen schönen braunen Tupfen im Fell. Aber jetzt sieht er fast schwarz aus. Er muss sich im grössten Schmutz gewälzt haben.

Während wir durch die Haustüre gehen, rufe ich ihm ein einziges Wort zu. „Dusche!" Augenblicklich rennt er ins Badezimmer und unter die Dusche. Jetzt wird er von oben bis unten von mir abgespritzt und anschliessend abgetrocknet. Fertig!

„Halt! Warte einen Augenblick!", ruft Eliane. „Er war im Gras, und vielleicht hat er Zecken erwischt. Lass mich ihn unter die Lupe nehmen." Und wirklich findet sie zwei dieser kleinen, schwarzen Biester und entfernt sie aus seinem weissen Fell.

"Rudi, wir haben Gäste heute Abend. Könntest du schnell den Teppich noch staubsaugen, denn während dieser Jahreszeit verliert Julius etwas Haare. Während du das machst, schüttle ich sein Körbchen aus", meint Eliane.

Dann schaue ich den Hundefressnapf an, der muss auch noch gereinigt werden.

Sauber machen, aufräumen, Ordnung halten. Alles für den Hund.

Aber das erinnert mich an Jesus, der auch ganz besonders deshalb kam, um uns sauber zu machen und alles um uns herum in Ordnung zu bringen.

„Gott entfernt jede Rebe an mir, die keine Frucht bringt; aber die fruchttragenden Reben reinigt er, damit sie noch mehr Frucht bringen." Johannes 5:2

Wie dankbar ich doch bin für das Werk seiner Erlösung. Sein Blut ist das beste Reinigungsmittel im ganzen Universum.

Danke Jesus, für deine Reinigungsarbeit. Du bist der beste Reiniger, den es gibt.

Jesus Christus ist der beste „Allesreiniger"

Enttäuscht

Enttäuschungen muss auch unser Enegiebündel gelegentlich ertragen, z. B. wenn Eliane und ich unsere Schuhe anziehen und zur Jacke greifen. Schon wedelt Julius vor der Tür und wartet, dass wir seine Leine aushängen und ihn auf einen Spaziergang mitnehmen. Doch ich greife zum Autoschlüssel und sage ihm klipp und klar, dass er dableiben muss. Traurig kehrt er um und verkriecht sich unter den Tisch, während wir das Haus verlassen. Doch er bleibt nicht an seiner Enttäuschung hängen.

Enttäuschungen gehören mit zum Leben. Doch die Frage ist: Wie gehen wir mit unerfüllten Träumen und Erwartungen um?

Gideon ist total entmutigt. Als der Engel ihn zum Anführer Israels gegen den Feind beruft, zählt er die Enttäuschungen auf: „Wenn Gott mit uns ist, wo sind denn die Wunder? Ich bin der Jüngste in der Familie und niemand hört mir zu. Ausserdem ist unsere Familie die unbedeutendste im ganzen Stamm Manasseh." Richter 6:15

Denken wir nur an unsere unerfüllten Träume und hängen wir unseren Enttäuschungen nach, kommen wir nie vorwärts.

Aber auch die Grösse der vor uns liegenden Aufgabe kann uns im Glauben hemmen. Als drei Millionen Israeliten in der Wüste Fleisch von Moses verlangen, erklärt er Gott: „Wenn wir alles Vieh, das wir besitzen, schlachten, ist es zu wenig, und alle Fische im Ozean reichen nicht aus." 4. Mose 11:24.

D.h. wenn wir ein grosses Projekt angehen, müssen wir uns mit Gleichgesinnten verbünden. Schliesslich sagt die Bibel, dass einer 1'000 in die Flucht schlagen kann, zwei aber 10'000. Gott will uns nicht Addition sondern Multiplikation schenken.

Gott helfe uns, dass wir durch unsere Enttäuschungen nicht in eine tiefe Depression fallen, wie das beim Propheten Elia der Fall war.

Nach dem Siegestag auf dem Karmel kam keiner der 7000 Jehovah-Treuen (die sich während der diabolischen Regierung Ahabs und Isabells versteckt hatten), um dem Mann Gottes zu gratulieren. Kein Einziger klopfte ihm auf die Schulter und ermutigte ihn. Zutiefst enttäuscht darüber, wollte er am Sinai sterben.

Wie gehen wir mit unseren Enttäuschungen um? Sie können in positive Erlebnisse umgewandelt werden.

Er reklamiert

Wenn unser Spieler an einem Knochen nagt, so versuche ich zum Spass, ihm diesen wegzunehmen. Aber das mag er gar nicht. Er knurrt und zeigt mir seine Zähne.

Wenn ich schliesslich erfolgreich bin, beginnt er zu bellen und winselt unaufhörlich. Er reklamiert.

Wir tun oft das Gleiche. Fühlen wir uns nicht manchmal auch wie der Prophet Jeremia, der zu Gott sagt:

„Herr du hast mich hintergangen. Prophet sein ist kein Leckerbissen, und ausserdem bringt mein Predigen nicht die gewünschten Resultate. Jedermann lehnt sich gegen mich auf, und man will mich mundtot machen, indem man mich umbringen will. Herr, ich habe es satt und gehe zurück auf mein Bauerngut."

Manchmal sind wir so entmutigt und enttäuscht, weil unsere Erwartungen unerfüllt bleiben. Ich denke, dass Johannes der Täufer von Jesus erwartete, dass er das jüdische Volk von der Tyrannei der Römer erlösen würde.

Unter den Römern konnten alle Juden von den römischen Soldaten gezwungen werden, ihre Waffen und ihr Gepäck anderthalb Kilometer zu tragen. Nach dieser Distanz hatten sie ihre Pflicht getan, und der Soldat musste nach einem weiteren Juden suchen, der sein Gepäck weitertragen sollte. Aber da gab es jüdische Christen die das Jesuswort auslebten:„Tragt das Gepäck doppelt so weit." Ohne Murren und Widerwillen trug der Christ somit alles, und der Römer wollte wissen, weshalb er das tat. Die Gelegenheit zum Zeugnis und zur Evangelisation bot sich mit dem zweiten und dritten Kilometer.

Nie hatte Johannes gedacht, dass er in diesem feuchten, dunklen Verlies enthauptet würde. In seiner Enttäuschung zweifelte er daran, dass Jesus wirklich der Messias ist.

Natürlich war er derart hinter den Gefängnismauern isoliert, dass er keine Ahnung hatte, was draussen ablief. Jesus machte ihm keine Vorwürfe, sondern ermutigte ihn schlicht mit einem aktuellen Augenzeugenbericht.

Sieh auch du dir an, was Gott überall tut, und du wirst ermutigt sein und zuversichtlich weitermachen.

Zielbewusst

Julius kann derart konzentriert sein, dass ihn nichts, aber auch gar nichts ablenkt. Wenn er eine Spur eines Fuchses gefunden hat, (Nachts kommt gelegentlich ein Fuchs in unseren Garten) kann ich ihn rufen, aber er reagiert nicht. Mit der Nase am Boden schnüffelt er den ganzen Garten ab.

Wenn ich ein Aststück in den See werfe, hindern ihn weder Wind noch Wellen daran, zu diesem Stück Holz zu schwimmen. Er ist derart darauf fokussiert, dass ihn nichts von seinem Ziel abbringt.

Da muss ich dann an David denken, der auch äusserst zielbewusst seine Sache anging.

Er hört seinen Vater an, der ihn mit Proviant zu seinen Brüdern aufs Kampffeld schickt. Als Schäfer ist er nicht einer, der sich mit knappem Minimum zufrieden gibt. Er delegiert das Hüten seiner Schafe an einen Kollegen und zieht sofort los.

Bei seiner Ankunft wird sein Glaube an einen Sieg im Kampf mit Goliath gestärkt, indem er sich an Gottes Segen und Siege in der Vergangenheit erinnert: „Der Gott, der mich aus dem Rachen des Löwen und von der Tatze des Bären errettete, wird mir auch jetzt den Sieg schenken."

Die Planung seines Projektes ist äusserst fokussiert. Ein Schwert besitzt er allerdings nicht, plant aber, dasjenige seines Feindes zu dessen Enthauptung zu benützen.

Er beginnt zu laufen und visiert die Stirn des Riesen an, denn dort muss er ihn unbedingt mit seinem Stein treffen.

Im Gegensatz zu ihm schiessen wir leider oft zuerst, und erst später zielen wir dann schliesslich. Infolgedessen treffen wir so selten. Da sollten wir Sprüche 19:20 beherzigen, wo es heisst: „Höre auf einen guten Rat und nimm Zurechtweisung an, dann wirst du in Zukunft weise handeln. Und der allzu Eilige verpasst seinen Weg."

In Hebräer 12 lehrt uns Gott, auf das Ziel zu schauen. Läufer in der römischen Arena waren ausschliesslich auf das Ziel ausgerichtet, denn dort sass der Kaiser, der dann die Siegerehrung vornahm. Ein Läufer schaute nicht in die Ränge und liess sich durch nichts ablenken. Am Ende wird Jesus uns mit den Worten ehren: „Du getreuer Knecht, du bist über wenigem treu gewesen, ich will dich über viel setzen."

Mein Herr und Meister, hilf mir, zielbewusst zu laufen und nicht durch Nebensächlichkeiten abgelenkt zu werden.

Fokussieren und zielbewusstes Handeln sind Merkmale engagierter Christen

Wagemutig

Mein Jagdhund ist äusserst wagemutig. Nicht nur springt er in den windgepeitschten See, wo die Wellen wild ans Ufer schlagen, sondern er fürchtet sich auch sonst nicht. Während wir durchs Wohnquartier schlendern, taucht ein grosser schwarzer Hund auf, der ein Haus bewacht. Julius geht mutig auf ihn zu, aber das schwarze Biest packt ihn am Genick und schüttelt ihn wild. Schlussendlich kann sich Julius befreien und flieht.

Er jagt aber auch immer den Katzen nach, und die rennen in den meisten Fällen davon. Aber ab und zu gibt es eine, die ihn anfaucht und nicht von der Stelle weicht. Sie kann dann mit ihren Krallen Julius auch einige Kratzer verabreichen. Aber er geht das Risiko jeweils ein.

Wenn ich das sehe, frage ich mich, ob ich selber genügend Wagemut an den Tag lege.

Eine Gruppe von Neunzigjährigen wurde gefragt, was sie anders machen würden, wenn sie noch einmal leben könnten. Sie alle erklärten: „Wir würden risikofreudiger sein. Wir legten in unserem Leben nicht genügend Mut an den Tag."

Unser Leben im Glauben ist abenteuerlich und schliesst Risiko ein. Ich habe verschiedentlich Risiken eingegangen, und manchmal bin ich platt auf die Nase gefallen. Aber lieber möchte ich etwas versuchen und dabei einen Versager einstecken, als gar nichts zu unternehmen und mich ins Schneckenhaus zurückzuziehen.

Wenn ich mit meinem Team arbeite und die Mitarbeitenden Fehler machen, erkläre ich ihnen, dass sie das dürfen, denn mir unterlaufen auch immer wieder welche.

Das ist gutes Management.

Da erinnere ich mich an folgende Geschichte: Ein Manager hatte einen groben Fehler begangen, der die betroffene Firma eine Million Dollars kostete. Der Besitzer zitierte den Schuldigen in sein Büro. Alle Direktoren und Abteilungsleiter erwarteten, dass in wenigen Minuten der Manager mit hochrotem Kopf allen erklären würde, dass er vom Besitzer fristlos entlassen worden sei. Doch nein, mit einem Lächeln kam er aus dem Büro. Jetzt wollten alle vom Vorgesetzten wissen, warum dieser Kerl immer noch im Amt sei. Da erklärte der Besitzer:

„Soeben habe ich eine Million Dollars in die Ausbildung dieses Mannes gesteckt. Denkt einmal, wie hingegeben, loyal und fleissig dieser Mann von nun in meiner Firma arbeiten wird."

Von jeder Person in der Bibel wissen wir, dass sie Fehler machte, ausser von Daniel.

Den schwerwiegendsten Fehler, den wir begehen können, ist, wenn wir von unseren Fehlern nicht mehr lernen.

Unweit unseres Missionszentrums gibt es in einem wilden Tal einen Wildbach mit einem kleinen Wasserfall. Nie hätte ich gedacht, dass Julius hineinspringen würde. Doch er tut es, und im weiss-schäumenden Wasser spült es ihn bachab. Weiter unten klettert er vergnügt an Land. Er liebt Risiko.

Hilf mir, oh Gott, wagemutig zu sein, und Risiken für Dich und dein Reich einzugehen. Ich will ein Vorbild für andere sein.

> Lieber etwas wagen und auf die Nase fallen, als untätig zu sein

Hilf mir

Vor einigen Jahren war der uns Geschenkte derart quicklebendig, dass er uns müde machen konnte. Wir schätzen es sehr, dass er auch im Alter noch viel Dynamik und quirliges Leben zeigt, was typisch ist für diese Hunderasse. (Andere Rassen werden phlegmatisch und träge.) So bereitet er uns nach einem Jahrzehnt noch Freude, und wir haben immer noch Spass mit ihm.

Anno dazumal, als wir Julius im Auto mitnahmen, konnte er gut Höhen überwinden und in unsern Off-Roader springen. Also, er konnte ein- und aussteigen, wie er wollte. Doch jetzt, wo er älter geworden ist, braucht er etwas Hilfe. Ich öffne die Hintertür, und er steht aufrecht auf seinen Hinterbeinen. Aber jetzt ist die „Latte zu hoch". Er schaut mich an, und aus seinen Augen kann ich lesen: „Gib mir einen kleinen Schubser." Das tue ich, und sofort ist er drin und wedelt mit seinem Schwanz. In seinem Alter gebe ich ihm eine kleine Starthilfe.

Da denke ich oft an den Apostel Petrus, als Jesus zu ihm sagte:

„Als du jung warst, gingst du, wo du hingehen wolltest. Aber später im Alter wirst du deine Hände ausstrecken, und ein anderer wird dich gürten und dich führen, wo du nicht hingehen willst."

Sind wir auch willig, unsere Hände auszustrecken, damit Jesus uns führen und leiten kann, wo es am besten und fruchtbarsten ist für uns?

Und in 2. Korinther 4:16 ermutigt uns Paulus mit:

„Darum verliere ich nicht den Mut. Die Lebenskräfte, die ich von Natur habe, werden aufgerieben; aber das innere Leben, das Gott mir schenkt, erneuert sich jeden Tag."

Gott respektiert die Jahreszeiten in unserem Leben

Gerechtigkeit

Gelegentlich bringen unsere Freunde ihren Hund gleicher Rasse für einen Tag zu uns, denn sie müssen manchmal weg und Geschäftliches erledigen.

Ihre Hündin namens Zoya ist viel jünger als Julius und deshalb ein Energiebündel, wie er es vor Jahren war. Heute ist er immer noch quicklebendig, aber trotzdem, er ist etwas älter geworden.

Zoya springt aus dem Haus, macht Sätze über Büsche und Gartenhecken und zeigt keinerlei Ermüdung. Aber Nr. 3 in Lacks Familie kennt den Garten, schnüffelt hier und dort unter Sträuchern, kehrt dann aber ruhig ins Haus zurück.

Zwei absolut unterschiedliche Verhaltenswiesen. Doch wenn's um Essen geht, werden die zwei ebenbürtig versorgt. Wir behandeln beide gleich: Sie erhalten dasselbe Essen und dieselbe Zuwendung. Die Leistung oder Fähigkeit spielt dabei keine Rolle.

Das erinnert mich an die Geschichte in 1. Samuel 30, als David mit seinen 600 Soldaten die Stadt Ziklag verbrannt vorfand. Der Feind hatte ihre Frauen, Kinder und alle Habe geraubt und war davongezogen. Nun jagt David dem Feind nach und kommt an den Bach Besor, wo 200 seiner Soldaten zu müde waren, um weiterzugehen. Also bleiben sie beim Gepäck, und David, mit 400 Mann, pirscht sich an den Feind heran und siegt. Alles Geraubte fällt ihnen wieder zu.

Bei der Rückkehr an den Bach meinen einige böse Zungen: „Die 200 haben ihr Leben nicht aufs Spiel gesetzt wie wir. Sie können nur ihre Frau nehmen, aber der Rest ihrer Habe gehört uns, die wir viel mehr geleistet haben."

Aber nein. David ist absolut gerecht und erklärt: „Wie der Lohn dessen, der in den Kampf zieht, soll auch der Lohn jener sein, die beim Gerät geblieben sind."

Gott belohnt uns nicht nach unserer Leistung oder unserem Können, sondern nach unserer Treue.

> *Nicht Leistung und Fähigkeiten zählen, sondern unsere Treue*

Er ist älter geworden

Heute, wo mein Begleiter älter geworden ist, hat sich sein Verhalten etwas geändert. Er ist etwas langsamer geworden, und ich muss mich ihm nun anpassen.

Jetzt macht er nicht mehr seine eigenen Erkundungstouren. Ich kann ihn ruhig aus dem Haus lassen, ohne dass ich mir Sorgen machen muss, dass er einen halben Tag in der Gegend herumstreift. Er dreht eine Runde ums Haus, schnüffelt ein bisschen im Garten herum und kehrt dann ins Haus zurück.

Dann nehme ich auch sein Nachlassen der Kräfte zur Kenntnis. Die Spaziergänge sind etwas kürzer geworden, und ich fordere ihn weniger heraus. So macht es auch Gott mit uns. Er kennt unsere Belastbarkeit und dosiert seine Aufgaben an uns entsprechend.

Doch dieser Jagdhund hat auch in seinem Alter das, was ich ihm beigebracht habe, nicht vergessen. Wenn ich ihm zurufe: „Sitz!", bleibt er sitzen. Sein „Geschäft" erledigt er nicht im Nachbargarten, sondern draussen auf dem weiten Feld.

Wenn wir älter werden, vergessen wir unsere gelernten Lektionen ja auch nicht. Auch als Jona nicht im Willen Gottes war, lehrte er die Matrosen immer noch die biblischen Prinzipien.

Zudem ist unser Haustier auch noch in seinem Alter recht lebendig und initiativ Es animiert mich zum Spazieren. Klar, in Psalm 92:12 heisst es: „Der Gerechte wächst wie ein Palmbaum. Auch im Alter tragen sie noch Frucht und stehen voller Saft und Grün da, um zu verkünden: Der Herr ist gerecht, mein Felsengrund, es ist kein Unrecht an ihm."

Julius springt immer noch über Baumstämme und kriecht ins Dickicht. Doch jetzt wird er viel schneller müde. Dieser Tage hat er gelegentlich auch Schmerzen im Rücken. Er ist auch nicht mehr so flexibel wie früher und stolpert manchmal. Natürlich spaziert er immer noch sehr gern mit mir. Er spürt auch, dass ihm Bewegung gut tut. Sein Jagdinstinkt hat nicht nachgelassen, aber er braucht vermehrt Ruhe und hat mich absolut nötig.

Und wir? Sind wir auch vermehrt von Gott abhängig? Wissen wir seine Gegenwart immer mehr zu schätzen, auch wenn er uns immer wieder einmal in schwierige Situationen führt und der Auftrag nicht leichter wird? Kann er uns immer noch in Zwickmühlen führen, damit wir ihm noch stärker vertrauen? Schliesslich ist er noch nicht fertig mit uns und will uns für die Ewigkeit zubereiten.

Ich schicke unseren Spaniel auch jetzt immer noch ins Dickicht. Damit will ich ihn seine Natur ausleben lassen. Keinesfalls will ich ihm weh tun und ihn auch nicht kicken. (Manchmal wollte ich das tun, wenn er nicht gehorchte und mir auf die Nerven ging). Aber Gott kickt uns nie.

So gibt uns Gott auch noch im Alter göttliche Aufträge die zu unserer Berufung gehören. Als ich kürzlich im Kongo in eine äusserst schwierige Situation geriet, fragte ich Gott ob ich das nun wirklich noch nötig habe, und es war mir, als würde Gott sagen: „Ja, das musst du jetzt auch **noch einmal** lernen, denn ich bin noch nicht ganz fertig mit deiner Entwicklung." Also galt es, die Zähne zusammenzubeissen und durchzuhalten.

Wir wünschen oft, dass es zunehmend leichter werden würde für uns. Noch sind wir leidensscheu. Wir wollen im Glauben keine Risiken mehr eingehen. Schwierigen Leuten gehen wir aus dem Weg, weil sie uns Mühe machen. Was sollen wir noch evangelisieren, die Menschen hören uns ja sowieso nicht zu?

Jetzt haben wir unsere Gewohnheiten und wollen unsere Ruhe. Aber bitte, meine Pferde, jetzt nicht mitten im Fluss wechseln!

Wenn ich heute meinen Vierbeiner beobachte, so ist er immer noch anhänglich. Er schätzt, was ich für ihn tue, und sein Enthusiasmus ist nicht verflogen. Noch steht er mir zur Verfügung, und es macht ihm Spass, bei mir zu sein. So soll es auch in unserem Leben mit Gott sein.

Oft vergessen wir, welches Vorrecht es ist, „Freund Gottes" genannt zu werden. Wir sind uns der hohen Berufung, bei ihm zu sein, gar nicht bewusst. Welche Ehre ist es doch, mit Christus zu leiden und seinen Auftrag zu erfüllen! Er hat ein wundervolles Erbe für uns bereit!

Gott hat die totale Gesamtschau für uns alle.

Also vertrauen wir ihm doch total. Bedingungslos wollen wir ihm zur Verfügung stehen, auch in dunkelster Nacht. So wie Julius mich manchmal in der Dunkelheit nicht sieht, er aber weiss, dass ich bei ihm bin. Mit seinem sechsten Sinn spürt er, dass ich da bin, und mit seiner feinen Nase hat er mich identifiziert.

Schliesslich haben wir Hoffnung und sind voller Zuversicht, dass Jesus bei uns ist. Er mag unsere Gemeinschaft mit ihm. Er liebt es, wenn wir an seiner Seite gehen und von ihm abhängig sind. Seine Gegenwart ist des Schönste und Beste für uns.

Er ist da! Und alles ist im Lot mit **IHM**!